Susanne Schirgi

Abheben – durchdrehen – landen

Elternschaft unter Bedingungen
höchster beruflicher Mobilität

Leykam

Gefördert durch:

Satz, Umbruch, Cover und Druck: Medienfabrik Graz, www.mfg.at
Gesamtherstellung: Leykam Buchverlag
ISBN 978-3-7011-0422-2
www.leykamverlag.at

Inhaltsverzeichnis

1 Einleitung

Reisen mit dem Flugzeug ist in unserer Zeit zur Selbstverständlichkeit geworden. Infolge des vielfältigen Angebotes und der geringen Preise wurde die Flugreise zu einer starken Konkurrenz zu Auto-, Bus-, Bahn- und Schiffsreisen. Durch die Entwicklung des Massentourismus hat sich die Arbeit der Piloten stark verändert. Zum einen in der Arbeitsorganisation und zum anderen hinsichtlich des Images. Piloten sind in ihrer Arbeit und weiterführend auch im Familienleben ständig Mobilitäts-, Entgrenzungs- und Flexibilisierungsprozessen ausgesetzt (vgl. Huchler 2013, S.25ff).

Das Thema dieser Dissertation ist die Darstellung der Bereicherungs- und Belastungsfaktoren im Zusammenhang mit der Elternschaft unter der Herausforderung der Entgrenzung, der Mobilität und der Flexibilität am Beispiel von Linienpiloten im Personenluftverkehr und ihren Partnerinnen. Im Fokus stehen dabei die Paarbeziehung, die Elternschaft, das Familienleben bzw. die soziale Lebenswelt und die Einschränkungen.

Zahlreiche Väter würden gerne mehr Zeit mit ihren Kindern bzw. Familien verbringen. Aufgrund ihrer spezifischen Erwerbstätigkeit lassen sich diese Wünsche manchmal nur schwer umsetzen (vgl. Fthenakis/Minsel 2002, S.5). Im Falle von Vätern, die häufig auf beruflichen Reisen sind, hat die damit verbundene Abwesenheit ebenso eine entscheidende Auswirkung auf das Familienleben der Betroffenen. Wenn dazu noch im beruflichen Umfeld hohe Stress- und Belastungsfaktoren kommen, die vermutlich auch ihre Auswirkungen auf die Beziehungsebene im privaten Bereich haben, kann das Familienleben leicht zu einem Spannungsfeld werden. Daher stehen im Fokus der Dissertation weiters die Herausforderungen, mit denen eine Beziehung bzw. das Familienleben zu Rande kommen muss, wenn der Partner bzw. Ehemann und Vater häufig abwesend ist.

Fokus Linienpiloten und ihre Partnerinnen: Unter den einleitend erwähnten Aspekten haben Linienpiloten ein Arbeitsumfeld, das auf vielfache Weise räumlichen und zeitlichen Mobilitäts- und Flexibilitätsanforderungen ausgesetzt ist. Die beruflichen Anforderungen sind vielschichtig und umfangreich. Es sind hier Übertragungen über die mobilen Berufe hinaus, auf jene Bereiche der Arbeitswelt möglich, die ebenfalls mit Mobilität und Entgrenzung konfrontiert sind, wie zum Beispiel Führungskräfte, Ärzte, Manager, Büroangestellte usw. Bei diesen Berufen, obwohl sie scheinbar strukturell stabile Arbeitsbedingungen aufweisen, können die oben genannten Prozesse beobachtet werden, da durch Überstunden, Abrufbereitschaft usw. eine zeitliche und räumliche Flexibilität nach Betriebsbedarf gefordert wird. Diese und weitere Arbeitsanforderungen nehmen bei vielen Menschen im Alltag immer mehr zu (vgl. Huchler 2013, S.27ff).

Die Berufsgruppe der Linienpiloten stellt somit einen Prototyp eines Erwerbstätigen in
der globalisierten Arbeitswelt dar. Zudem lässt sich dieser Beruf oftmals schwer mit
einem geregelten Familienleben verbinden. Dadurch könnte auch eine Form von Fernbeziehung entstehen, die die beiden PartnerInnen voneinander emotional entfremdet.
Eine andere Schwierigkeit des Zusammenseins besteht darin, mit der Lebensweise des
Linienpiloten, die in gewisser Weise auch das Leben der Partnerin maßgeblich beeinflusst, zu Rande zu kommen. Da er nicht oft im Haushalt und in der Auseinandersetzung mit den Kindern mithelfen kann, muss die Partnerin vieles alleine regeln (vgl.
Vonderau 2003, S.94f). Besonders durch die zunehmende Flexibilisierung der Arbeitszeit leidet die familiäre Zeitplanung enorm, vor allem wenn beide PartnerInnen berufstätig sind. Somit muss die gemeinsame Zeit genau geplant werden. Neben der zeitlichen
Mobilität gibt es auch eine räumliche Mobilität. Diese erkennt man an oftmals langen
Arbeitswegen, aber auch daran, dass die Betroffenen über mehrere Tage in verschiedenen Städten oder Ländern wohnen. Familiäres Zusammensein ist damit nicht selbstverständlich vereinbar (vgl. Jurczyk, 2008 o.S.). Das verdeutlicht auch folgendes Zitat:

> *„In den Partnerschaften und familiären Beziehungen geht es um die ständige Suche nach ge-*
> *meinsamer Zeit, aber auch nach einem gemeinsamen Ort, an dem die Beziehung immer wieder*
> *– zumindest kurzfristig – so lokalisiert werden kann, dass das Bedürfnis nach Nähe befriedigt*
> *wird und die Vorstellung beider Partner von einem zufriedenstellenden Zusammensein realisiert*
> *werden können.“* (Vonderau, 2003, S.96)

Für das Privatleben, im Speziellen im Zusammenleben mit Partnerin und Familie, kann
die häufige Abwesenheit eines Linienpiloten eine große Herausforderung für die gemeinsame Beziehung bedeuten, da zwangsläufig oftmals wichtige familiäre Ereignisse ver-
säumt werden, wie zum Beispiel das „erste Wort“ eines Kindes, ein Geburtstag, Schul-
feste usw. (vgl. Grohmann 2011, S.28). Insbesondere erschwert wird die Situation
dadurch, wenn ein Kind das Bedürfnis nach Stabilität und Verlässlichkeit hat, denn in
dieser Hinsicht stellt der dynamische und variable Alltag eine besondere Herausforderung dar (vgl. Krey 2010, o.S.). Bezugnehmend auf die Erkenntnisse der Bindungsforschung stellt man fest, dass im Leben des Säuglings neben der primären Bezugsperson,
in der Regel die Mutter, noch ca. drei bis vier weitere Bezugspersonen bedeutsam sind.
Eine dieser Bezugspersonen ist in der Regel der Vater. Die Vater-Kind-Beziehung entwickelt und verstärkt sich vor allem durch die väterliche Spielbereitschaft. Väter fördern
durch die Herausforderungen des gemeinsamen Spiels die Unabhängigkeit des Säuglings bzw. Kindes. Daraus resultiert, dass sich die Vater- und Mutterbeziehung gegenseitig ergänzen und fördern, vor allem hinsichtlich des Sicherheitsempfindens in der
Erforschung der sozialen Umgebung (vgl. Grossmann 2008, S.28f). Die Bindungsqualität steigert sich durch den gemeinsamen Umgang in verschiedenen von Emotionen
geprägten Situationen, wie zum Beispiel Freude am gemeinsamen Spiel, Kummer über
ein Problem, an der Trauer bei einer Verletzung, usw. Sie hat weiterführend auch Aus-

wirkungen auf die Bindungsrepräsentation im Jugend- und Erwachsenenalter (vgl. Cassidy 1999, zit. n. Stegmaier 2008 o.S.). Der Vater, der zwar seine Freizeit dem Kind bzw. den Kindern widmet, steht oft vor dem Problem, nicht genug Zeit für sich selbst oder die Paarbeziehung zu haben. Das hat oftmals zur Folge, dass gesundheitliche und partnerschaftliche Belastungsfaktoren dazukommen. Eltern können dadurch womöglich nicht genug für das gemeinsame Wohlbefinden innerhalb der Familie beitragen. Diese Unzufriedenheit wird oftmals in die Arbeitswelt transformiert (vgl. Jurczyk, 2008 o.S.). Der Frankfurter Soziologe Hans-Walter Gurbinger sieht Eltern deshalb immer als Suchende einer neuen Lebens- und Familiengestaltung (vgl. Schnellhammer 2012, S.134).

Im Zusammenhang mit diesen Herausforderungen muss berücksichtigt werden, dass das Privatleben eigene Anforderungen stellt. Diese können sich immer wieder verändern, da sie mit den individuellen Interessen, Wünschen und Lebensvorstellungen zusammenhängen. Da die Belastbarkeitsgrenzen ebenfalls individuell gesetzt werden, ist auch das Limit für Arbeitsleistungen unterschiedlich. Dabei sind die physischen und psychischen Ressourcen zu berücksichtigen sowie die arbeitsbezogenen und persönlichen Erwartungen bzw. die individuellen Fähigkeiten, seine persönlichen Grenzen zu setzen. Daher kann das Zuhause auf der einen Seite Anerkennung und Geborgenheit geben, es kann aber auch anstrengend und belastend sein bzw. Ursache für den Mangel an Erholung. Inwieweit Bereicherung und Belastung beieinanderliegen, ist abhängig von der subjektiven Lebensführung einzelner Familienmitglieder und von der Familie als Gruppe. In dieser Dissertation wird auf alle diese Bereiche eingegangen.

Die folgende kurze Skizzierung soll einen kleinen Einblick in die einzelnen Kapitel geben.

Kapitel 1: Einleitung: Die Einleitung beschreibt die Zielsetzung der Dissertation und die Eingrenzung des Themenfeldes.

Kapitel 2: Elternschaft und Familie: Das erste theoretische Kapitel beschreibt die Grundlagen bzw. theoretischen Konzepte in Bezug auf Elternschaft, Familie und Eltern-Kind-Beziehungen sowie die soziale Lebenswelt.

Kapitel 3: Beruf „Linienpilot": Es thematisiert die Berufsbeschreibung des Linienpiloten im Allgemeinen sowie die Anforderungen und Herausforderungen. Zudem wird auf die Vereinbarkeit von Berufs- und Privatleben eingegangen.

Kapitel 4: Stress: Es beschreibt die theoretischen Konzepte von Stress allgemein sowie in spezifischer Form den Arbeits- und Elternstress, wobei auf die Stressentstehung und -reaktionen eingegangen wird. Zusätzlich angeführt sind die Bewältigung von Stress und die Ressourcen.

Kapitel 5: Empirische Untersuchung zur Elternschaft in Linienpilotenfamilien: Der empirische Teil beginnt mit der Beschreibung des Forschungsdesigns und differenziert folglich die qualitativen (Experteninterviews) und quantitavien (Fragebogenerhebung) Untersuchungsmethoden in chronologischer Reihenfolge. Unter Punkt 5.2 „Experteninterviews" wird die Absteckung des Forschungsfeldes bzw. die Stichprobe, das Messinstrument, die Entwicklung des Leitfadens, die Durchführung und Auswertung der Untersuchung bzw. die Ergebnisse und die Interpretation dargestellt bzw. beschrieben. Unter Punkt 5.3 „Fragebogenerhebung" erfolgt die Beschreibung der Stichprobe, der Abgrenzung der Auswertungskategorien, der Darbietung von Hypothesen sowie der Durchführung der Untersuchung und die Darstellung der Ergebnisse und der Ergebnisinterpretation.

Kapitel 6: Zusammenführung der Ergebnisse und Resümee: Der Abschluss des empirischen Teils beinhaltet die Zusammenführung und Diskussion der Ergebnisse bzw. die Interpretation der Experteninterviews und der Fragebogenerhebung, indem die Forschungsfragen beantworten werden.

2 Elternschaft und Familie

Der Familienbegriff ist umfassend und nicht eindeutig zu definieren, daher wurde versucht, durch das Aufzeigen mehrerer Möglichkeiten eine auf die Arbeit zutreffende Definition zu finden. Es wird dabei vor allem auf die Sichtweise der psychologischen und sozialwissenschaftlichen Disziplinen zurückgegriffen, die auf die zwischenmenschliche Beziehung fokussieren.

> *„Allgemein formuliert ist eine Familie durch das dauerhafte Zusammenleben von Angehörigen mehrerer Generationen gekennzeichnet, die in der Regel voneinander abstammen und in einem Sorge- und/oder Erziehungsverhältnis zueinander stehen. Welche konkrete soziale Form die Familie hat, hängt maßgeblich von den wirtschaftlichen und kulturellen Rahmenbedingungen einer Gesellschaft ab. In den letzten einhundert Jahren hat sich diesbezüglich ein sehr starker Wandel vollzogen"* (Hurrelmann 2012, S.116).

Zur Konkretisierung wird die Begriffsklärung von Peuckert (2007) hinzugezogen, die Familie als eine Lebensweise beschreibt, die aus mindestens einem Kind und einem Elternteil besteht. Diese ist durch soziokulturelle Merkmale geprägt und zeichnet sich durch eine möglichst dauerhafte, solidarische und persönliche Verbundenheit aus (vgl. Peuckert 2007, S.36).

Aus der Sicht von Lenz (2003) kann Familie als eine Form der *„Zugehörigkeit von zwei oder mehreren aufeinander bezogenen Generationen aufgefasst werden, die zueinander in einer besonderen persönlichen Beziehung stehen, welche die Position ‚Eltern' und ‚Kind' umfasst und dadurch als Eltern-Kind-Beziehung bezeichnet werden kann"* (Lenz 2003, S.495).

Hofer (2002) bringt folgende Sichtweise auf den Familienbegriff zur Darstellung: *„Familie ist eine Gruppe von Menschen, die durch nahe und dauerhafte Beziehungen miteinander verbunden sind, die sich auf eine nachfolgende Generation hin orientiert und die einen erzieherischen und sozialisatorischen Kontext für die Entwicklung der Mitglieder bereitstellt"* (Hofer 2002, S.6).

Im Folgenden wird auf die drei familientheoretischen Ansätze eingegangen, die sich mit dem Thema Familie aus verschiedenen Perspektiven auseinandersetzen.

2.1 Familientheoretische Ansätze

Entwicklungstheoretischer Ansatz

Der entwicklungstheoretische Ansatz beschreibt die Familie als einen Prozess, der in bestimmten Phasen in Form eines Zyklus verläuft. Die Familienmitglieder müssen dabei spezifische stufenabhängige Entwicklungsaufgaben unter Berücksichtigung von Erwartungen, Normen und Rollen bewältigen. Dadurch sind gewisse Macht-, Affekt- und Kommunikationsstrukturen vorhanden (vgl. Asisi 2015, S.31). Folgende Aspekte sind für die Familienentwicklungstheorie wesentlich:

- Familienstufen, die chronisch aufeinander folgen, wandelbar sind und eine gewisse Zeitfolge darstellen. Dabei werden auch Kriterien berücksichtigt wie die Veränderung der Anzahl der Familienmitglieder, der Entwicklungsstand des Kindes bzw. der Kinder etc. Ein solches Modell kann dem von Duvall und Hull (1948, zit. n. Schneewind 1991, S.108f) entsprechen:

Tabelle 1: 8-Stufenmodell des Familienzyklus nach Duvall

Stufe	Beschreibung und zeitliche Erstreckung
I	*Verheiratete Paare (ohne Kinder)*
II	*Familien mit Kindern, frühes Stadium* *(ältestes Kind: Geburt – 30 Monate)*
III	*Familien mit Vorschulkindern* *(ältestes Kind: 2,5 – 6 Jahre)*
IV	*Familien mit Schulkindern* *(ältestes Kind: 6 – 13 Jahre)*
V	*Familien mit Jugendlichen* *(ältestes Kind: 13 – 20 Jahre)*
VI	*Familien im Stadium der Auflösung* *Junge Erwachsene (vom Weggang des ältesten bis zum jüngsten Kind)*
VII	*Eltern im mittleren Lebensalter* *(vom „leeren Nest" bis zum Rückzug aus dem Arbeitsleben)*
VIII	*Alternde Familienmitglieder* *(vom Rückzug aus dem Berufsleben bis zum Tod beider Ehepartner)*

(übernommen aus: Duvall 1977, S.144 zit. n. Schneewind 1991, S.108.)

Allerdings ist dabei festzuhalten, dass sich dieses Stufenmodell nur auf eine traditionelle Familiensichtweise anwenden lässt. Eine Weiterentwicklung dieses Modells von Stapleton (1980) berücksichtigt auch die Neubildung der Familie sowie unterschiedliche Formen. Dadurch wird ein individueller Familienzyklus zugelassen (vgl. Stapleton 1980, zit. n. Schneewind 1991, S.108f).

- Familienrollen:
Darunter versteht man die jeweilige Rolle und Position, die ein Familienmitglied Inne hat. An jedes Mitglied werden bestimmte Anforderungen und Erwartungen gestellt. Diese ändern sich im Laufe des Lebens. Die Rollenmuster können je nach Familie individuell und verschieden sein. Sie sind unabhängige Gefüge, in die aber jedes Mitglied mit eingebunden ist. Demnach müssen sie nicht immer traditionell sein, sie können auch eine ganz individuelle Ausprägung haben (vgl. Schneewind 1991, S.111).

- Familienentwicklungsaufgaben:
Die Familienentwicklungsaufgaben beziehen sich sowohl auf physische und psychische Anforderungen als auch auf ethnische und kulturelle Normen und Werte. Sie basieren auf dem Familienzyklus und können sehr stark variieren, denn sie sind abhängig von historischen und gesellschaftlichen Variablen (Schneewind 1991, S.113).

Familiensystemtheorie
Die systemische Sicht stellt die Familie als ein System dar. Sie ist eine Gruppe von Menschen, die in einer Beziehung zueinander stehen. Diese Beziehungen werden von den einzelnen Mitgliedern kommuniziert, etabliert, aufrechterhalten und erkennbar gemacht. Die Übergänge und Systemveränderungen sind in Phasen und Entwicklungsprozessen erkennbar und mit Adaptionsaufgaben verbunden. Die Übergänge der einzelnen Phasen sind mit Veränderungen der familiären Kommunikations- und Rollenmustern verbunden und erfordern Anpassungsleistungen der einzelnen Familienmitglieder. Das heißt, das Familiensystem ist ein sich kontinuierlich veränderndes Gefüge (vgl. Asisi 2015, S.31).
Folgende Aspekte werden von der Familiensystemtheorie als sehr wichtig erachtet:
- „Ganzheitlichkeit": Die Familie wird als eine Einheit betrachtet, die aus mehreren Personen besteht.
- „Zielorientierung": Dies bedeutet, dass das gemeinsame Leben von Familienzielen geprägt ist, beispielsweise von der Kindererziehung.
- „Regelhaftigkeit": Im Laufe des Zusammenlebens entwickelt jede Familie ihre eigenen Rituale.
- „Zirkuläre Kausalität": Sie bezieht sich auf die beobachteten Interaktionsmuster.
- „Rückkoppelung" wird ausgelöst, wenn sich ein Familienmitglied nicht an die Familienregeln hält oder grundlegende Veränderungen auftreten.
- „Homöostase" Darunter wird die Aufrechterhaltung der Balance zwischen den Kräften verstanden. Diese kann aber durch einen Rückkoppelungsprozess gestört werden.
- „Wandel in erster und zweiter Ordnung": Watzlerwick, Weakland und Fisch prägten die Begrifflichkeit „Wandel in erster Ordnung" und verstanden darunter „den Wandel von einem internen Zustand zu einem anderen innerhalb eines selbst invariant bleibenden System" (Watzlerwick et al. zit. n. Schneewind 1991, S.104). Ein Beispiel wäre die Bestrafungsart eines Kindes durch seine Eltern. Unter „Wandel in zweiter Ordnung" wird das sich selbstverändernde System verstanden.

- „Grenzen": Da die Familie als ein System betrachtet wird, sind Grenzen gleichzusetzen mit Abgrenzung von anderen Systemen. Diese Familiengrenzen verändern sich aber im Laufe der Entwicklung einer Familie zum Beispiel durch Geburt, Trennung, Tod, erwachsen werdende Kinder etc.
- „Internes Erfahrungsmodell" Es bezieht sich auf die Individuen/Personen, die das System ausmachen sowie auf ihre individuellen Erfahrungen, Emotionen, Empfindungen, Wahrnehmungen etc., speziell auf ihre subjektiv empfundene Familienrealität und ihre Beziehungsstruktur (vgl. Schneewind 1991, S.102ff).

Stressorientierter Ansatz der Familienentwicklung
Der stressorientierte Ansatz der Familienentwicklung fokussiert auf die Auswirkungen der extra- und intrafamiliären Stressereignisse (vgl. Asisi 2015, S.31f).

Basis dieser Theorie sind Beobachtungen über den Umgang der Familienmitglieder mit Übergängen von einem Familienzyklus in einen anderen, zum Beispiel von der Paarbeziehung zur Elternschaft, oder besondere Belastungssituationen, etwa die häufige Abwesenheit des Partners (vgl. Schneewind 1991, S.115). Dieser Ansatz wird in diesem Kapitel nicht ausführlich beschrieben, da die wesentlichen Aspekte des Stresses im familiären und beruflichen Kontext in Kapitel 4 detaillierter behandelt werden.

Nach dieser kurzen Darstellung von Theorien soll an dieser Stelle näher auf das Familienleben bzw. die Beziehungen innerhalb der Familie bzw. der sozialen Lebenswelt eingegangen werden.

2.2 Familiäre Beziehungen

Die pädagogisch-psychologische Familienforschung betrachtet die zwischenmenschlichen Beziehungen entweder als individuelles oder als gesamtfamiliäres Beziehungssystem. Beim Individuum wird auf die Persönlichkeitsmerkmale geachtet, während bei der Betrachtung des gesamtfamiliären Beziehungssystems auf die Interaktionen zwischen zwei oder mehreren Personen, die zueinander in Beziehung stehen, fokussiert wird, beispielsweise auf familiären Zusammenhalt, emotionale Nähe, etc. Durch diese Beziehungen entstehen auch Erwartungen an die Personen und ihre zukünftigen Interaktionen (vgl. Gloger-Tippelt 2007, S.157). „Wichtige Merkmale von Beziehungen sind ihre Reziprozität oder Komplexität, das Machtverhältnis der Personen und der Grad der Intimität" (Gloger-Tippelt 2007, S.157). Jede Beziehung hat auch eine eigene Geschichte, an der jeder der Beteiligten mitwirkt. Es werden die Gefühle, Erfahrungen und Handlungen im Gehirn gespeichert, und anhand dieses Wissens werden Erwartungen aufgebaut, die auch die zukünftige Entwicklung dieser Beziehungen beeinflussen. Familiäre Beziehungen zeichnen sich durch verschiedene Rollen, Funktionen und Kompetenzen der Eltern und Kinder aus. Diese wandeln sich im Laufe der Zeit. Im Kleinkindalter müssen Eltern ihren Kindern Schutz bieten, sie versorgen und anleiten. Im Jugendalter hingegen entsteht eine reziproke und partnerschaftliche Beziehung zwischen Eltern und Kindern. Dieses Verhältnis kehrt sich im hohen Alter der Eltern gänzlich um, und die Kinder müssen sich um ihre Eltern kümmern (vgl. Gloger-Tippelt 2007, S.157f).

„Das bedeutet, dass die moderne Familie, selbst im Zustand optimaler Leistungsfähigkeit, immer einen vielfach unterschätzten Teil ihrer personalen, interaktiven und ihrer kommunikativen Ressourcen darauf verwenden muss, Loyalitätsprobleme gegenüber der unmittelbaren Umwelt der Familie und gegenüber der Gesellschaft zu lösen" (Schnabel 2001, S.30).

Die Sichtweise von Familie und ihrer Aufgabe Geborgenheit zu geben, muss nicht zwangsläufig mit dem traditionell-bürgerlichen Familienverständnis einhergehen.

Von Partnerschaft zur Elternschaft

In den westlichen Kulturen ist die Partnerwahl in der Regel relativ frei von familiären Konventionen. Ehen werden nicht mehr arrangiert und sind auch nicht Pflicht, wenn es um das Zusammenleben von Männern und Frauen geht. Voreheliche Gemeinschaften fördern möglicherweise sogar das Wachsen einer Beziehung, indem ein Alltag gelebt wird, mit allen seinen Vorteilen wie Stabilität und Solidarität, aber auch seinen Spannungen. Außerdem ist eine Trennung wesentlich leichter zu vollziehen als eine Scheidung. Die große Herausforderung bei der Bildung einer Familie ist die Verbindung zweier Individuen mit ihren unterschiedlichen Ansichten, Vorstellungen und Lebensformen. Es soll ein Mittelweg zwischen Unabhängigkeit und Verbundenheit gefunden werden. Dies erfordert das Tolerieren der subjektiven Betrachtungsweisen, was zu einem konfliktreichen und mühsamen Aushandlungsprozess werden kann. Diese Beziehungsentwicklung erfolgt sowohl auf der Paarebene, als auch auf der Eltern-Kind-Ebene. Durch die Abnahme der Bedeutung von traditionellen Lebensformen stehen viele Gestaltungsmöglichkeiten offen (vgl. Schneewind 1991, S.49f). Auf diese Weise ist die Möglichkeit gegeben, bevor sich ein Paar zur Eheschließung oder Familiengründung entscheidet, anfangs nur zu zweit zusammenzuleben. Erst dann wird über eine mögliche Elternschaft entschieden. Zudem ist eine zeitliche Verschiebung der Phase der eigenen Elternschaft bzw. Familiengründung eingetreten. Grund dafür ist eine lange Schul- und Ausbildungszeit, die oftmals eine finanzielle Abhängigkeit von den eigenen Eltern mit sich bringt. In weiterer Folge wird so der eigene Kinderwunsch in einen späteren Lebensabschnitt verschoben. Durch diese Individualisierung haben sich verschiedene Formen des partnerschaftlichen und familiären Zusammenlebens entwickelt (vgl. Textor 1991, o.S.).

Der Übergang von der Paarbeziehung in die Elternschaft ist ein neuer Lebensabschnitt für ein Paar, welcher zahlreiche neue Aufgaben und Herausforderungen mit sich bringt. Diese Herausforderungen können aus der Situation des Elternwerdens, aber auch infolge von Sorgen und Vorstellungen, die sich die Eltern über die Entwicklung ihres Kindes machen, entstehen. Durch das Kind verändert sich aber vor allem für die Eltern das Zeitkontingent. Die Zeit, die das Paar für einander hat, wird geringer. Das kann zur Folge haben, dass es als eine Abnahme der Zufriedenheit in der Partnerschaft wahrgenommen wird. Die Kommunikation verringert sich, die sexuelle Beziehung verändert sich, es kann öfter zu Streitigkeiten kommen und die Interaktionen sind meist kind- oder elternschaftszentriert (vgl. Gloger-Tippelt 1989, S.93ff). Baum (2004) beschreibt in diesem Zusammenhang drei Phasen:

- „Anfängliche Isolation der Mutter und Traditionalisierung der Mutterrolle". In der Regel geht der Partner wenige Tage nach der Geburt des Kindes wieder arbeiten, während seine Partnerin zu Hause den größten Teil der Kinderpflege und -betreuung sowie die Hausarbeit übernimmt. Es entsteht somit ein traditioneller Familienalltag (vgl. Baum 2004, S.36).

- „Rückkehr zur Normalität – Restabilisierung der Gesamtzusammenhänge": In dieser Phase hat sich die Elternschaft stabilisiert, und eine Form von Dienstleistungsgemeinschaft entsteht. Es entwickelt sich ein System, das aus Paarbeziehung, Elternrolle und der Individualität des Kindes besteht. Das heißt die Eltern haben gelernt mit dieser Lebenssituation umzugehen (vgl. Baum 2004, S.36).

- „Heranwachsen der Eltern mit dem Kind im Kontext der Gesellschaft": In dieser Phase gewinnt die soziale Lebenswelt an Bedeutung. Es beginnt die Suche nach geeigneten Kinderbildungs- und Betreuungseinrichtungen bzw. Schulen (vgl. Baum 2004, S.43f).

Durch die Elternschaft rückt die Paarbeziehung in den Hintergrund. Manchmal wird dies noch verstärkt, indem sich die Partner auch mit „Mama" und „Papa" ansprechen. Das Kind braucht speziell in den ersten Lebensmonaten sehr viel Betreuung und nimmt daher auch sehr viel Zeit der Eltern in Anspruch. Der Rückgang der Bedeutung der Paarbeziehung hat manchmal Frustrationen zur Folge, die indirekt auch Auswirkungen auf das Kind haben, speziell im Hinblick auf die Kommunikation. Eltern sollten ihre Konflikte als Freunde, Liebende, etc. lösen, das heißt, sie dürfen ihre Identität als Mann und Frau nicht verlieren. Dadurch lernen sie auch bei Problemen mit dem Kind gemeinsam als Partner zu kommunizieren und nicht als Elternteile. Die Elternrolle soll nur gegenüber den Kindern ausgelebt werden. Gelingt Eltern bzw. dem Paar die Differenzierung der verschiedenen Rollen, besteht auch noch die Möglichkeit, die erotische Beziehung weiterleben zu lassen. Außerdem ist damit das Kind nicht immer Zentrum aller Gespräche der PartnerInnen. Paare, die auch Eltern sind, sollten ihre persönlichen Interessen, Bedürfnisse etc. nicht vernachlässigen. Ein möglicher Grund, warum viele Paare nicht ihren individuellen Interessen nachgehen, ist der Glaube, wahre Inspiration und Selbstverwirklichung sei nur außerhalb der Familie zu finden. Paaren sollte aber verdeutlicht werden, dass das eine das andere nicht ausschließt und eine Partnerschaft voller Inspiration und Liebe sein kann (vgl. Juul 2011, S.277ff).

Die Einstellung des Mannes gegenüber seiner schwangeren Partnerin ist entscheidend für die Bewältigung der verschiedenen Herausforderungen, die eine Schwangerschaft mit sich bringt, da sie nicht nur die Paarbeziehung beeinflusst, sondern auch die künftige Vater-Kind-Beziehung. Einflussfaktoren können der Stand der Partnerschaft, der Gehalt der Beziehung, das Wunschkind oder die Einstellung der Partnerin sein (vgl. Werneck 1998, S.11f). Der Vater kann auch eine positive Wirkung auf die Mutter haben, indem er beim Geburtsvorgang dabei ist und sie emotional unterstützt. Es könnte sogar die Kommunikation beider Partner verbessert werden (vgl. Werneck 1998, S.13).

Die Qualität einer Paarbeziehung bzw. Familienbeziehung ist immer abhängig vom Zusammenspiel beider PartnerInnen. Denn die PartnerInnen tragen auch die Verantwortung für die Qualität der Interaktionen innerhalb der Familie bzw. mit ihren Kindern. Sie werden so dazu gezwungen, eine Strategie zu entwickeln, mit deren Hilfe sie mögliches Fehlverhalten erkennen und korrigieren können (vgl. Juul 2011, S.206f). Es wird von der heutigen westlichen Gesellschaft nach wie vor erwartet, dass ein Paar mit der Geburt des ersten Kindes seine egalitäre Rollenverteilung aufzugeben hat, um eine traditionelle Arbeitsteilung zu leben. Dies hat zur Folge, dass die Qualität der Beziehung sinkt, da die Wünsche nicht mit der Realität übereinstimmen (vgl. Textor 2010, o.S.). Viele Paarbeziehungen erholen sich davon nicht mehr. Eine höchstwahrscheinlich bessere Beziehungsqualität wird beibehalten, wenn sich die beiden Partner auch nach der Geburt des ersten Kindes, die Aufgaben im Haushalt teilen (vgl. Fuhrer 2005, S.156). Im Grunde müssen Eltern sich in der neuen Situation zurechtfinden und mit ihren Kindern mitwachsen. Im Folgenden wird deswegen die Elternschaft genauer betrachtet.

Elternschaft

Die Vorstellungen von Elternschaft sind immer gesellschaftlich konstruiert, das heißt, die Aufgaben und Handlungsweisen sind von der jeweiligen Kultur abhängig (vgl. Palkovitz/Marks 2002, S.145f). Elternschaft bedeutet für viele Eltern, sich auf umfangreiche und vielfältige Aufgaben einzulassen, die zuvor nicht gelernt wurden und die Eltern häufig auf sich gestellt bewältigen müssen. Dadurch können Situationen entstehen, die zur Überforderung führen können (vgl. Penthin 2001, S.10). Vor allem für Mütter bedeuten Kleinkinder immer eine große Herausforderung, speziell weil sie großen Wert auf eine effiziente Zeitnutzung mit dem Kind legen. Derzeit sind die kulturellen Widersprüche im Hinblick darauf, was Mutterschaft bedeutet, sehr groß (vgl. Palkovitz/Marks 2002, S.145f). Die Vaterrolle hat sich im Gegensatz zur Mutterrolle in den letzten Jahrzehnten nicht so revolutionär verändert. Die Hauptaufgabe des Vaters ist nach wie vor die Verantwortung für das Wohlergehen seiner Familie. In erster Linie versteht man darunter das materielle Wohl. Neue Vorstellungen von der Vaterrolle verwirklichen Männer, die sich ihrer Vaterschaft und der Erwerbstätigkeit gleichermaßen verpflichtet fühlen (vgl. Palkovitz/Marks 2002, S.147). Wie die Aufteilung von Kinderbetreuung und Hausarbeit aussieht, wenn beide Elternteile erwerbstätig sind, hängt vom Beruf, der Ausbildung oder von den Sozialisationserfahrungen ab. So lässt sich zum Beispiel bei einem Linienpiloten, dessen Partnerin ebenfalls im Schichtdienst tätig ist, ein anderer Tagesrhythmus erkennen, als wenn die Partnerin zu Hause wäre oder einer zyklischen Arbeit nachginge. Es wird eine wesentlich größere Beteiligung des Vaters an der Hausarbeit und Kinderbetreuung sichtbar bzw. erforderlich (vgl. Mikula/Freudenthaler 1999, S.1). Den Vätern wird es aber auch zunehmend wichtiger, sich um ihr Kind bzw. ihre Kinder zu kümmern und für ihr Wohlbefinden zu sorgen. Sie wollen Zeit mit ihnen verbringen und sie erziehen (vgl. Hagemann-White 1995, S.507f). Die Umstrukturierung der gesellschaftlichen Vorstellungen von Vaterschaft haben dazu beigetragen, dass sich neue Stilrichtungen in der Vaterschaft herausgebildet haben, zum Beispiel die involvierte oder stark beteiligende Vaterschaft (vgl. Palkovitz/Marks 2002, S.147f).

Wenn man empirische Belege betrachtet, lässt sich allerdings eine Differenz zwischen dem Wunsch sich einzubringen und der tatsächlichen Beteiligung von Vätern im Haushalt und in der Kinderbetreuung bzw. der Erziehung feststellen. Dies zeigen Befunde von Lamb/Pleck und Levine (vgl. Palkovitz/Marks 2002, S.148).

Die soziologische Sichtweise auf die Elternschaft ist insofern wichtig, als sie die Sozialisation und die Identitäts- und Persönlichkeitsentwicklung des Kindes analysiert und dabei die bedeutende Rolle der Eltern hervorhebt. So ist zum Beispiel die psycho-soziale Beziehung zwischen Kindern und ihren leiblichen Eltern eine andere als die zwischen Kindern und Stiefeltern. Familien können sich aus den verschiedensten Gründen verändern. Beispielsweise durch die Verfügbarkeit des Vaters, der entweder ständig für das Kind verfügbar oder selten zu Hause ist. Gründe dafür können Beruf oder Trennung der Eltern sein, aber auch die Gründung einer neuen Familie. Bei den Formen der Elternschaft wird zwischen vier Verursachungs- und Begründungsmerkmalen unterschieden:

- Biologische Elternschaft: Darunter wird die Blutsverwandtschaft zwischen Eltern und Kind verstanden.
- Genetische Elternschaft: Sie wird durch medizinische Unterstützungsmaßnahmen begründet, die dazu beitragen, dass Frauen Kinder bekommen können, entweder durch Samen- oder Eizellenspenden.
- Rechtliche Elternschaft: Diese entsteht durch Adoption oder Pflegeelternschaft.
- Soziale Elternschaft: Sie bezieht sich auf die Ausübung der elterlichen Rolle (vgl. Vaskovics 2011, S.14f).

Diese Formen von Entstehungs- und Begründungszusammenhänge können sich auch überschneiden, so kann eine rechtliche Elternschaft zugleich auch eine soziale Elternschaft sein. Ein Beispiel für eine Konstellation der Elternschaftssegmente ist das Folgende:

„Wenn wir uns unter dem ‚rechtlichen Vater' jenen Mann vorstellen, der ein Kind (meist das eigene) legitimiert (sei es durch Eheschließung, sei es durch Adoption) und die rechtlich sanktionierten Rechte und Pflichten eines Vaters wahrnimmt und außerdem annehmen, dass dieser

rechtliche (und zugleich leibliche) Vater im Regelfall auch der soziale Vater des Kindes ist, der die Existenzerhaltung und Erziehung des Kindes übernimmt oder zumindest mit verantwortet, dann liegt eine Konstellation vor, die wir als ‚Voll-Vaterschaft' (bezogen auf ein Kind) (A) bezeichnen" (Vaskovics 2011, S.17f).

Von einer Teilelternschaft spricht man, wenn die Eltern getrennt leben und jeder der beiden Elternteile mit neuen PartnerInnen eine Lebensgemeinschaft eingegangen ist. Dabei ist zu beachten, dass solche Konstellationen entweder dauerhaft oder temporär sein können. Auf die Vaterschaft bezogen, lassen sich unter Beachtung der zeitlichen Stabilität folgende Unterscheidungen tätigen (vgl. Vaskovics 2011, S.18):

- *„dauerhafte Vollvaterschaft (alle 4 Segmente der Vaterschaft werden bis zum Ende der Familienphase wahrgenommen)*

- *temporäre Vollvaterschaft (z.B. wenn der biologische Vater nach einer Scheidung die soziale Vaterschaft nicht mehr wahrnimmt)*

- *dauerhafte Teilvaterschaft (wenn der biologische Vater ab der Geburt des Kindes nicht alle Segmente der Elternschaft wahrnimmt)*

- *temporäre Teilvaterschaft (wenn eine wahrgenommene Teilvaterschaft durch eine neue Partnerschaft der Mutter beendet oder verändert wird)* (Vaskovics 2011, S.19)

Diese Eltern-Kind-Beziehungen sind nicht zwingend dauerhafte Konstellationen. Vaterschaftskonstellationen können sehr unterschiedlich sein, je nach Familiensituation und Kinderanzahl (vgl. Vaskovics 2011, S.19). Elterliche Fürsorge und rechtliche Elternschaft sind untrennbar, da sie dem Schutz und dem Wohlbefinden des Kindes dienen. Stiefeltern haben auch nur einen gewissen Anteil an rechtlichen Befugnissen (vgl. Löhnig 2011, S.171).

Laut den Angaben des Familienmonitors 2008 ist für die meisten Menschen die Familie der wichtigste Lebensbereich. Von den Befragten gaben ca. 80 Prozent an, einen sehr engen Zusammenhalt in der Familie zu haben. Es gaben Eltern unter 45 Jahren an, auch Unterstützung von der Herkunftsfamilie zu bekommen. Zum Beispiel durch Betreuung der Kinder, damit die Eltern auch Zeit für sich haben. Bei Schwierigkeiten aller Art werden Hilfestellungen gegeben, etwa in Form von Ratschlägen, Geldzuwendungen, etc. (vgl. Textor 2009, o.S.). Ein großes Problem, vor dem Eltern stehen, ist der materielle Luxus, den sie ihren Kindern bieten sollen bzw. wollen. Das führt zu deutlichen Widersprüchen. Denn zum einen sollten Eltern möglichst wenig arbeiten, damit sie sich mehr um ihre Kinder kümmern können. Zum anderen müssen sie finanzielle Ressourcen anhäufen, damit ihr Kind bzw. ihre Kinder an Freizeitaktivitäten teilnehmen kann bzw. können oder, um ihm bzw. ihnen auch die aktuellen Modetrends zu ermöglichen. Das stellt ein Paar erneut vor große Herausforderungen, die sich häufig nicht so einfach bewältigen lassen (vgl. Palkovitz/Marks 2002, S.150). Die begrenzten Erwerbsmöglichkeiten von Frauen werden auf eine schwierige Vereinbarkeit von Beruf und Familie zurückgeführt. Außerdem wäre dringend ein Ausbau der Betreuungsangebote für Kinder unter drei Jahren nötig. Daher nennen viele Eltern flexible Arbeitszeiten, Sonderurlaub, Teilzeitangebote, vereinfachten Wiedereinstieg und Kinderbetreuungseinrichtungen als wichtigen Schritt zu einer verbesserten Vereinbarkeit von Familie und Beruf (vgl. Textor 2009, o.S.). Eltern werden auf diese Weise zu Managern, die versuchen, den Anliegen der gesamten Familie gerecht zu werden (vgl. Leixnering 2004, S.10).

Eltern-Kind-Beziehung

Die Eltern-Kind-Beziehung ist eine der grundlegendsten Formen der Bindung und kann in den ersten Lebensjahren des Kindes sowohl von den Eltern als auch vom Kind sehr eng, vertrauensvoll und befriedigend erlebt werden. Laut Angaben der Bindungsforschung hat rund die Hälfte bis zu einem Drittel der zweijährigen Kinder eine sichere Bindung zu einer Bezugsperson aufgebaut (vgl. BMFSFJ 1998, S.27f). Diese Beziehung ist entscheidend für das Aufbauen und das Leben späterer Beziehungen des Kindes (vgl. Klein 2010, S.53).

> *„Bindung und Bonding definieren soziale Beziehungen auf Grundlage von Verhaltenssystemen, die als vorhersagbares Ergebnis Nähe zwischen dem Kind und einer ausgewählten erwachsenen Person herstellen oder aufrechterhalten. Da Nähe Schutz gewährt, wird die Funktion dieses Verhaltens als ein das Überleben der Nachkommen sicherndes System interpretiert."* (Ahnert 2008, S.63)

Die Voraussetzungen für die Bindungstheorie wurden von John Bowlby und Mary Ainsworth in den 1960er und 1970er Jahren geschaffen. Ainsworth fokussiert auf die Feinfühligkeit einer Bindungsperson an und wie folgt:

> *„Die Bindungsfigur sollte fähig sein, Signale und Bedürfnisse des Kindes wahrzunehmen, diese angemessen zu interpretieren und angemessen und prompt darauf zu reagieren."* (Schmücker und Buchheim 2002, S.182 zit. n. Schwarz 2004, S.28).

Es ist auch zu erwähnen, dass die Mutter des Kindes einen wesentlichen Einfluss auf die Vater-Kind-Beziehung hat (vgl. Werneck 1998, S.11f). Zudem steht die Vater-Kind-Beziehung in Verbindung mit der elterlichen Partnerschaft, das heißt, eine gut funktionierende Partnerschaft führt dazu, dass auch die Vater-Kind-Beziehung eher positiv ist, wodurch auch das fürsorgliche Engagement des Vaters gegenüber dem Kind größer ist. Ein schlechtes Vater-Kind-Verhältnis kann aber auch daran liegen, dass Mütter im

Falle der Trennung dem Vater den Kontakt mit dem Kind verweigern. Ein anderer Einflussbereich ist die Arbeitssituation des Vaters, die einen starken Einfluss auf seine Persönlichkeitsentwicklung hat. Eine höhere Arbeitszufriedenheit wirkt sich positiv auf die Beziehungsqualität der Interaktionspartner aus. Wenn aber die Stressbelastung sehr hoch ist, ist auch das väterliche Engagement seinem Kind gegenüber gering (vgl. Kindler/Grossmann 2008, S.253).

Kinder sind auf unterschiedliche Weise an ihre Eltern gebunden (vgl. Klein 2010, S.80). In der Bindungsbeziehung geht es um die Vermittlung von Gefühlen an eine Person, die sogenannte Bindungsperson. Diese Gefühle sollten aber nicht mit den Persönlichkeitsmerkmalen verwechselt werden. Die Bindungsbeziehung ist abhängig vom Sicherheitsempfinden und dem Beitrag der Bindungsperson, diese aufrecht zu erhalten. Obwohl es sich bei diesen Beziehungen um asymmetrische Formen handelt, sind sie zugleich komplementär. Die Bezugsperson wird als die „kompetente Person" bezeichnet, wenn sie dem Kind Schutz gibt, damit es ungehindert seinem Erkundungsverhalten nachgehen kann. Zugleich ist die Bindungsbeziehung ein dynamischer Prozess, der von Familie, der Umgebung etc. beeinflusst wird (vgl. Ahnert 2008, S.70f). Daher wird Bindung wie folgt definiert:

> *„Bindung wird als das emotionale Band betrachtet, das sich zwischen einem Säugling und seinen wesentlichen Bezugspersonen entwickelt. Bindung fokussiert auf dieses emotionale Band aus der Perspektive des Kindes. Es wird angenommen, dass sich Bindung im Kontext konkreter Interaktion während des ersten Lebensjahres auf der Basis der phylogenetisch evolvierten Bindungsbereitschaft entwickelt."* (Keller 2008, S.111)

Um das Bindungsverhalten von Kindern zu erfassen, die noch nicht sprechen können, ist die Beobachtung der Verhaltensweisen zwischen den Kindern und ihren Eltern relevant, speziell wenn sie voneinander getrennt sind (vgl. Gloger-Tippelt 2008, S.82f). Ein wichtiger Beitrag ist die Betreuung des Kindes, denn sie ist entscheidend für seine Kompetenzentwicklung. Hierbei spielt die Verfügbarkeit der Bezugsperson eine große Rolle. Denn je höher sie ist, desto intensiver ist die sichere Bindung, unter der Voraussetzung, dass sie von Sensitivität geprägt ist (vgl. Ahnert 2008, S.71f).

> *„Der theoretische Begriff Bindung als das biologisch begründete, überdauernde emotionale Band zwischen Kind und Bezugsperson, ist nicht direkt beobachtbar, sondern kann je nach Entwicklungsstand auf unterschiedlichen Ebenen zugänglich gemacht werden."* (Gloger-Tippelt 2008, S.82).

Die klassische Bindungstheorie fokussiert auf die Beziehungserfahrung von Kindern und erklärt daraus deren differenzierte Qualität. Danach folgen die Analyse des kindlichen Verhaltensmusters und die Folgen für die Persönlichkeitsentwicklung unter Einfluss der Bindungspersonen und des sozialen, kulturellen und gesellschaftlichen Kontexts (vgl. Ahnert 2008, S.67).

Die Bindungstheorie von John Bowlby bezieht sich auf enge Beziehungen, die ein Kind zu seinen Bezugspersonen aufbaut. In der Psychoanalyse wird als bedeutendste Bezugsperson die Mutter betrachtet, da sie die Bindungsbedürfnisse mit den dazugehörenden Anzeichen sofort wahrnimmt und schnell darauf eingeht. Ein Kind bindet sich immer an seine Mutter, falls diese vorhanden ist, unabhängig davon, ob sie ihr Kind gut oder schlecht behandelt. Das basiert auf dem phylogenetischen Bindungssystem, über das jedes Kind verfügt. Der Grund hierfür ist die nötige Stabilität, unabhängig von den Lebensbedingungen. Als wahre Unterstützung für die kindliche Bindungsentwicklung und -qualität gilt eine sorgsame und investierende Bindungsperson. Nur dann kann ein Kind auf der emotionalen Ebene seiner Entwicklung optimal gefördert werden. Das heißt, Gefühle und Handlungsweisen müssen koordiniert und zielgerichtet eingesetzt werden. Als offene Theorie lässt sich die Bindungstheorie durch zahlreiche Neuentdeckungen und Zusammenhänge variabel darstellen. Zum Beispiel spielt auch die Bindung zu anderen Bezugspersonen (Vater, Geschwister, Großeltern, etc.) eine Rolle. Zudem wird die Wahrnehmung zu einem wichtigen Teil in der kindlichen Entwicklung, da sie ebenso wie die Emotionen das Verhalten beeinflusst (vgl. Grossmann 2008, S.28f). Aus der Sicht von Goldberg und Michaelis (1993, zit. n. Werneck 1998, S.31) ist jede Vater-Kind-Beziehung als eine eigenständige und individuelle, abhängig von den Persönlichkeitsmerkmalen und dem Temperament, zu sehen (vgl. Goldberg et al. 1993 zit. n. Werneck 1998, S.31).

Der Orientierungsrahmen der Bindungstheorie umfasst neben der Entwicklungspsychologie und der Psychoanalyse auch das Spektrum der Anthropologie, der Evolutionsbiologie, der Ethnologie, der vergleichenden Verhaltensforschung, etc. (vgl. Grossmann 2008, S.29). Folgende sozioökonomische Faktoren spielen eine entscheidende Rolle für die Eltern-Kind-Beziehung:

- Alter: Eltern, die sich erst in späteren Lebensjahren für eine Elternschaft entscheiden, durchdenken ihr Vorhaben grundlegend. Dies wirkt sich günstig auf die sozioökonomischen Faktoren aus. Allerdings ist ein Kind für ältere Eltern eher ein Belastungsfaktor, was die Eltern-Kind-Beziehung negativ beeinflussen kann. Für ältere Eltern ist dies oft nicht einfach zu bewältigen. Auch fehlt ihnen die Umstellung der verfestigten Lebensgewohnheiten, die eine lange Partnerschaft mich sich bringt, schwerer, als jüngeren Eltern, die in dieser Hinsicht viel flexibler sind.
- Wohnsituation: Elternschaft steht im Zusammenhang mit der Größe des Wohnraumes und dessen Lage (Stadt, Land).
- Bildung
- Finanzielle Ressourcen: Durch das fehlende Einkommen der Mutter sinkt das gesamte Familieneinkommen signifikant. Aus diesem Grund steigt auch das Belastungsempfinden beider Elternteile.
- Geschlecht des Kindes

• Partnerschaft: Je besser eine Paarbeziehung funktioniert, desto mehr engagiert sich der Mann für sein Kind und seine Familie. Speziell in einer Vater-Tochter- Beziehung. (vgl. Werneck 1998, S.32ff).

Aus der Sicht von Bowlby ist Bindung das Ergebnis des Wirkens verschiedener Verhaltenssysteme, deren Ziel der Kontakt zur Mutter ist (vgl. Schuschitz 2010, S.33). Für Bowlby sind verschiedene festgelegte Zielsetzungen, wie die Verfügbarkeit der Bezugsperson, ausschlaggebend für seine Bindungstheorie. Diese Ziele in Kombination mit den jeweiligen Verhaltenssystemen sind laut Bowlby das Produkt des Bindungsverhaltens. Der Fokus liegt dabei aber auf der besonderen Beziehung zweier Individuen. Daher beschreibt Bowlby die kindliche Bindung auch als eine Kontakt- und Nähe-Suche zu einer bestimmten Person, speziell in unangenehmen und befremdlichen Situationen (vgl. Schwarz 2004, S.19). Dabei spielt auch die väterliche Beteiligung für die Verinnerlichung der Verbindung von persönlichen und individuellen Gefühlen mit den betreffenden Erlebnissen in der Umwelt des Kindes eine Rolle (vgl. Grossmann 2008, S.39). Eine wesentliche Variable in der Einflussnahme auf die Kompetenzentwicklung und Bindungsentwicklung von Kindern ist die Spielfeinfühligkeit des Vaters (vgl. Grossmann, Grossmann, Winter, Zimmermann 2002, S.131). Alles das ist im Erwachsenenalter des Kindes entscheidend für Anpassungsfähigkeit, für den Umgang mit der PartnerIn und für das Verständnis für das eigene Kind. Gerade in der frühen Kindheit sind Sicherheit, Vertrauen und Verlässlichkeit von größter Bedeutung für ein Kind, denn diese können später nicht so einfach nachgeholt werden (vgl. Grossmann 2008, S.39f). Die Realisierung dieser Konstellation erfordert eine hohe Flexibilität und Kompromissbereitschaft von der Bindungsperson, da sie das Kind in seiner Eigenart annehmen sollte. Dies ist aber nicht immer der Fall. Es erfordert eine gute Koordinationsfähigkeit, um die Vorhaben der Bezugsperson mit den Bedürfnissen des Säuglings zu verbinden (vgl. Grossmann 2008, S.32). Diese Erfahrungen wird das Kind wahrscheinlich auch später in seiner eigenen Beziehung anwenden (vgl. Grossmann, Grossmann, Winter, Zimmermann 2002, S.126). Feinfühligkeit darf aber nicht mit Überbehütung verwechselt werden. Durch eine angemessene Reaktion der Bindungsperson lernt das Kind, dass seine Erwartungen erfüllt werden. Besonders wichtig ist die Feinfühligkeit in der prälingualen Phase des Kindes (vgl. Schwarz 2004, S.29). Mittlerweile sind Zusammenhänge zwischen Feinfühligkeit und positiver kindlicher Verhaltensweise verifiziert. Zum Beispiel weinen Babys im Alter von sechs bis neun Monaten weniger und äußern Laute präziser, wenn ihre Mütter feinfühlig sind und ein Gleichgewicht zwischen gemeinsamem und selbstständigen Spiel schaffen. Bindungsqualität ist somit vom Grad der Feinfühligkeit der Bezugsperson abhängig (vgl. Grossmann 2008, S.33). Mary Ainsworth beobachtete in der fremden Situation das Verhalten des Säuglings. Obwohl die Ergebnisse der Beobachtung eindeutige Erkenntnisse liefern, bleibt es eine Momentaufnahme, die nicht generalisiert werden kann (vgl. Grossmann 2008, S.34). Wenn allerdings typische Interaktionsmuster mit der Bindungsperson wiederholt auftreten, dann verinnerlicht das Kind zunehmend diese Erfahrungen und es werden

zukünftige Erwartungen dahingehend gebildet. Zum Beispiel determinieren sie, wie viel Nähe und Sicherheit erwartet wird. Diesen Prozess nennt man „innere Arbeitsmodelle". Sie beinhalten sowohl kognitive als auch affektive Komponenten und schließen damit die bewusste und unbewusste Bindungserfahrung mit ein, und folglich auch die Vorstellungen und Erwartungen. Wie „innere Arbeitsmodelle" wirken, zeigt sich hauptsächlich in belastenden Situationen. Getestet wurde dies ebenfalls mit dem „Fremde Situationstest" von Ainsworth (vgl. Schwarz 2004, S.24). Dieser Test dient dazu, die soziale Bindung von Kindern zu beurteilen. Dabei wird die Mutter mit ihrem Kind in einen ihnen unbekannten Raum mit Spielsachen gebracht. Anfangs bleibt die Mutter im Raum. Danach verlässt sie ihn für kurze Zeit. Dies wird zweimal wiederholt. Einmal bleibt eine fremde Frau beim Kind, beim zweiten Mal bleibt es allein im Raum. Dabei wird die Reaktion des Kindes auf das Verlassen werden und die Wiederkehr der Mutter beobachtet. Anhand dieser Reaktion wird geschlossen, welchem Bindungstypus es entspricht. Unterschieden werden vier Formen von Bindungsqualität:
• Sichere Bindung
• Unsicher-vermeidende Bindung
• Unsicher-ambivalente Bindung
• Unsicher-desorganisierte Bindung (vgl. Rossmann 2012, S.89).

In diesem Umfeld ist die Vaterforschung daran interessiert aufzuzeigen, dass auch der Vater eine Bindung zum Kind aufbauen kann. Daher wurde der Test der „Fremden Situation" auch mit Vätern durchgeführt mit dem Ergebnis, dass es keinen signifikanten Unterschied zu den Ergebnissen der Mutter-Kind-Forschung gibt. Es gelang jedoch nicht, die interaktive Basis der Vater-Kind-Bindung aufzuzeigen. Auch die Verbindungen zu den weiteren Entwicklungsverläufen waren deutlich geringer. Eine mögliche Erklärung dafür wäre, dass Kinder sehr wohl eine Bindung zum Vater aufbauen, diese aber nicht so bedeutungsvoll ist (vgl. Kindler/Grossmann 2008, S.248).

Trotz einiger Ergebnisse über mögliche Einflussfaktoren auf das väterliche Fürsorgeverhalten, kann keine genaue Aussage darüber getroffen werden, welche Persönlichkeitsmerkmale tatsächlich wirken. Eindeutig ist nur, dass das väterliche Engagement in der Eltern-Kind-Beziehung deutlicher von Persönlichkeitsmerkmalen abhängig ist als das der Mutter. Dies bezieht sich aber nicht auf die Qualität der Vater-Kind-Interaktion (vgl. Kindler/Grossmann 2008, S.252). Sowohl in der Regensburger als auch in der Bielefelder Längsschnittuntersuchung verdeutlichen die Ergebnisse, dass Väter, die eine sichere Bindungsrepräsentation aufweisen, feinfühliger agieren, wenn sie mit ihren Kindern spielen, als Väter, deren Bindungsrepräsentation unsicher ist. Die Ergebnisse der Bielefelder Untersuchung ergaben auch, dass das Erziehungsverhalten eines Vaters in Verbindung mit seiner Bindungsrepräsentation steht (vgl. Kindler/Grossmann 2008, S.251). Kindler (2008) ermittelte bei seiner Regensburg 1 Untersuchung auch, dass väterliches Engagement eine entscheidende positive Wirkung auf die sozial-emotionale Entwicklung des Kindes hat. Voraussetzung dafür ist jedoch, dass der Vater selbst über eine sichere Bindungsrepräsentation verfügt (vgl. Kindler/Grossmann 2008, S.251). Anzumerken ist auch, dass eine sichere Bindung nicht immer konfliktfrei sein muss. Denn eine Bindung entwickelt sich in der Form eines Prozesses (vgl. Dornes 2008, S.61). Die folgende Aufzählung soll zeigen, wie das kindliche Bindungssystem in vier Phasen entsteht:

- Das Verhalten des wenige Wochen alten Säuglings richtet sich auf alle Personen, es erfolgt keine Differenzierung.
- Reaktionen auf bestimmte Personen (Hauptbindungspersonen) sind ab circa der zwölften Woche erkennbar. Das Verhalten des Kindes bleibt aber dennoch freundlich gegenüber allen Personen wie in der ersten Phase.
- Ein spezifisches Verhalten gegenüber einer Bindungsperson ist ab dem sechsten bzw. siebten Monat erkennbar. Zusätzlich spielen auch Nebenbindungspersonen eine Rolle.
- Bald entwickelt sich eine zielkorrigierende Bindungspartnerschaft. Kinder erkennen die sichere Basis und ihren Nutzen, daher werden Verhaltensweisen gezielt gesetzt (vgl. Bowlby 1984, S.282ff).

Eine unsichere Bindung entsteht, wenn die Bedürfnisse des Kindes nicht durch die Bindungsperson erfüllt werden bzw. ihre Reaktionen nur ein geringes Maß an Feinfühligkeit aufweisen. Dies kann sich negativ auf die Entwicklung von sozialen Kompetenzen im Kindergartenalter auswirken, so die Ansicht von Suess, Grossmann und Sroufe (1992, zit. n. Grossmann, Grossmann, Winter, Zimmermann 2002, S.126). Wenn das Kind in weiterer Folge auch von der Bezugsperson getrennt wird, werden unsichere Beziehungen zusätzlich strapaziert und wirken sich eventuell ebenfalls negativ auf die sozialen Beziehungen aus, so Grossmann, Becker-Stoll, Grossmann, Kindler, Schieche, Spangler, Wensauer und Zimmermann (1997, zit. n. Grossmann et al. 2002, S.126).

Positive Zuwendungshandlungen zeigen die liebevolle Weise, wie Eltern ihr Kind als eine autonome und liebenswerte Person respektieren und seine Wünsche und Bedürfnisse wertschätzen (vgl. Grossmann, Grossmann, Winter, Zimmermann 2002, S.126). Ein Kind kann auch eine Bindung zu einem leblosen Gegenstand aufbauen, zum Beispiel dem Schnuller, der eine beruhigende Wirkung auf das Kind hat, wenn es an ihm nuckelt, oder zu einem Kuscheltier, einer Decke oder einem Polster. Diese Bindung schadet keinem Kind, auch wenn sie bis in die späte Kindheit dauert (vgl. 2004, S.21). Jeder hat eine maßgebliche Funktion, daher ist die Qualität der Vater-Kind-Beziehung von spielerischen Interaktionen und den bildungsrelevanten Zuständen abhängig (vgl. Klein 2010, S.80f). Theorien zur Vater-Kind-Bindung, die stark ökonomisch geprägt sind, gehen davon aus, dass väterliches Investment an seinen finanziellen Ressourcen zu messen ist, das heißt, inwieweit der Vater in der Lage ist, dem Kind eine gute Ausbildung bzw. Bildung zukommen zu lassen. Dieser Ansatz kann Väter in die Arbeitsmigration treiben, um Kind und Familie zu unterstützen. Aufzeigen lässt sich dies beispielsweise an der amerikanischen Gesellschaft (vgl. Kindler/Grossmann 2008, S.242f). Untersuchungen zur väterlichen Partizipation in Europa und Amerika haben ergeben, dass sich Väter nach wie vor deutlich weniger an der Kinderbetreuung, der Erziehung und der Hausarbeit beteiligen als Mütter (vgl. Fthenakis 2002, S.83). Hinsichtlich kinderbezogener Aufgaben engagieren sich Väter mehr bei leiblichen und älteren Kindern, die im selben Haushalt wohnen. Im Großen und Ganzen engagieren sich Väter bei spielbezogenen Tätigkeiten mehr als bei Betreuungs- und Pflegeaufgaben (vgl. Fthenakis 2002, S.84). Es ist nicht zu bestreiten, dass das väterliche Engagement auf mehrere Einflussfaktoren zurückzuführen ist. Die Vater-Kind-Beziehung ist vor allem in den westlichen Ländern durch ein ausgeprägtes Spielverhalten gekennzeichnet. In der Vater-Kind-Bindung erwies sich neben der väterlichen Feinfühligkeit in Kombination mit den Anforderungen, die der Vater an sein Kind stellt, seine Begabung, sich auf die kindliche Auffassungsgabe einzustellen, als bedeutsam. Die Wichtigkeit des Vaters für die Bindungsentwicklung des Kindes tritt durch die erweiterte Fokussierung deutlich hervor, speziell im Hinblick auf die Entwicklung sozial-emotionaler Kompetenzen von der frühen Kindheit bis ins junge Erwachsenenalter. Diese Kompetenzen werden durch die väterliche Güte im gemeinsamen Spiel und in Aufgabensituationen effektiv gefördert (vgl. Grossmann 2008, S.37f).

Aufgrund der Reaktionen der Bindungsperson lernt das Kind konkrete Erwartungen an sie zu stellen. Die Bindungspersonen können nicht einfach ersetzt oder ausgetauscht werden. Bindungen werden langsam aber stetig aufgebaut und können lebenslang andauern (vgl. Schwarz 2004, S.32).

Folgende drei Punkte sind in der Eltern-Kind-Beziehung bedeutsam:
• Die biologische Basis der Bindung ist in jedem Kind vorhanden, unabhängig davon, wie es von seiner Bindungsperson behandelt wird. Da es sich diese aber nicht aussuchen kann, muss es sich an sie anpassen.
• Die Bindungsqualität ist von Bindungsperson zu Bindungsperson verschieden. Sie hat einen grundlegenden Einfluss auf die physische und psychische Entwicklung des Kindes, da es seine Wahrnehmung der Umwelt, Gefühle, Explorationsverhalten, etc. beeinflusst.
• Ob ein Kind über emotionale Kompetenz verfügt, ist abhängig davon, wie es mit seinen Bindungsbedürfnissen gelernt hat umzugehen. Einen erheblichen Einfluss hat darauf auch das Verhalten der Eltern (vgl. Frischenschlager 2004, S.47).

Aufgrund des Wissens, dass Säuglinge die meisten Lernerfahrungen in den ersten Lebensmonaten machen, lässt sich schließen, dass die frühkindlichen Handlungsweisen evolutionsbiologisch beeinflusst sind (vgl. Lohaus, Ball, Lißmann 2008, S.147).

Wie komplex eine Eltern-Kind-Beziehung sein kann, zeigt sich in der Interaktionsqualität der Eltern zu ihrem erstgeborenen bzw. später geborenen Kind. Die Einflüsse auf die Qualität innerhalb des Familiensystems sind differenziell und belegen zugleich den idiosynkratrischen Charakter der Beziehungen. Ein wesentlicher Grund für die Unterscheidung zwischen den einzelnen Kindern ist der, dass die Umstellung des Lebens durch die Geburt des ersten Kindes weitaus erheblicher ist als dies bei den weiteren Kindern der Fall ist. Beim erstgeborenen Kind ist sie viel tief greifender und mit zahlreichen persönlichen Veränderungen einhergehend. Die Paarbeziehung leidet unterdessen nach der Geburt des zweiten Kindes mehr, da für beide Elternteile die Zeit nach der Geburt mit viel mehr Stress verbunden ist. Der Grund dafür ist, dass zwei Kinder zu versorgen sind und zusätzlich die alltäglichen Aufgaben des Haushalts etc. anfallen. Die Eltern sind oft aggressiv oder depressiv. Dies hängt mit der zunehmenden Inanspruchnahme zusammen. Speziell Väter müssen sich verstärkt um ein Kind kümmern, um die Mütter ein wenig zu entlasten. Daher kann sogar davon ausgegangen werden, dass die Zweit-Elternschaft wesentlich schwieriger als die Erst-Elternschaft ist (vgl. Werneck 1998, S.31f).

Im Laufe der kindlichen Entwicklung zum Erwachsenen lassen sich sehr individuelle Prozesse erkennen, die einen Einfluss darauf haben, welche Kompetenzen das Kind entwickelt. Inwieweit ein Kind ein angepasstes Verhalten zeigt, hängt auch von seiner psychischen Gesundheit ab. Diesen Entwicklungsprozess zum erwachsenen Menschen, den ein psychisch angepasstes Kind durchlebt, bezeichnet man als „konstruktive internale Kohärenz". Im Wesentlichen sind beide Elternteile maßgeblich an der kindlichen Entwicklung beteiligt. Denn die Bindungsqualität zwischen Eltern und Kindern ist entscheidend für den psychischen Zustand des Kindes von der Geburt bis zum Erwachsenenalter. (vgl. Grossmann 2008, S.29f).

In den folgenden beiden Teilen wird der Vollständigkeit halber kurz auf die Geschwisterbeziehungen und die soziale Lebenswelt der Familie eingegangen.

Geschwisterbeziehung
Geschwisterbeziehungen zählen zu den wichtigsten Beziehungen. Sie können sogar bedeutungsvoller als die Eltern-Kind-Beziehung sein (vgl. Bamler/Werner/Wustmann 2010, S.148).

> *„Zur Beschreibung der Geschwisterbeziehung dienen zum einen sozialstrukturelle Merkmale der Familie wie die Geburtenfolge, d.h. Erst- oder Zweitgeborener zu sein, die Konstellation nach Geschlecht, der Altersunterschied der Geschwister oder die Asymmetrie der Rollen. Als psychologische Merkmale zur Kennzeichnung der Beziehung werden vor allem die emotionale Nähe und die Konflikte oder Rivalitäten zwischen Geschwistern betrachtet."* (Gloger-Tippelt 2007, S.172)

Es gibt unterschiedliche Formen von Geschwisterbeziehungen, die sich auch im Laufe des Lebens verändern können. Dies ist abhängig von den Herausforderungen, die die Geschwister zu bewältigen haben, wie zum Beispiel eine Scheidung der Eltern. Einen wesentlichen Einfluss auf die Qualität der Geschwisterbeziehung hat das elterliche Verhalten. Denn wenn Eltern ihre Kinder unterschiedlich behandeln, kann dies zu Konflikten zwischen den Geschwistern im Jugend- und Erwachsenenalter führen (vgl. Fuhrer 2005, S.133f).

Den Geschwisterbeziehungen werden folgende Merkmale zugeschrieben:
- Sie überdauern meist einen sehr langen Zeitraum. Daher zählen sie sogar zu den bedeutungsvollsten Beziehungen im Leben eines Menschen.
- Zwischen Geschwisterbeziehungen kann man nicht wählen, sie sind meistens vorbestimmt durch die Geburt oder eine neue Partnerschaft der Eltern.
- Sie können auch nicht so einfach beendet werden.
- Die Geschwisterbeziehung kann sehr tiefgehende Vertrautheit aufweisen.
- Die Geschwisterbeziehung weist oftmals eine emotionale Ambivalenz auf.
- Ältere Geschwister fungieren für jüngere als Vorbilder hinsichtlich erprobter Handlungsweisen.
- Sie tragen dadurch zur Verbesserung der sozialen und kognitiven Fähigkeiten bei (vgl. Bamler et al. 2010, S.148).

Andere sehr förderliche kindliche Entwicklungsformen sind die Konflikte, die unter Geschwistern ausgetragen werden. Anzumerken ist auch, dass diese Konflikte oft sehr negativ wahrgenommen werden, trotz Lerneffekt. Bei diesem Konfliktverhalten können Kinder ihr konstruktives Handeln in schwierigen Lagen erproben. Eine Untersuchung von Teubner im Jahr 2005 (zit. n. Bamler et al. 2010, S148f) ergab, dass Kinder ihre Geschwister an dritter Stelle nach den Eltern sehen, wenn es um die Reihung der Bindungsbedeutung geht. Es zeigte sich auch, dass Geschwister mit dem gleichen Geschlecht einander besser verstehen (vgl. Bamler et al. 2010, S.148f). Außerdem erleichtern sie häufig belastende Lebensumstände und sind auch eine wichtige Ressource für die Verarbeitung des Erlebten (vgl. Schneewind 2002, S.124). Zur Art und Weise wie sich Geschwisterbeziehungen entwickeln, leisten Eltern einen wesentlichen Beitrag. Die Beziehung entwickelt sich positiver, wenn Eltern in die Geschwisterbeziehung weniger reglementierend eingreifen, zum Beispiel bei Konflikten. Durch die Geburt des zweiten Kindes wird das erstgeborene Kind von seinem „Thron" gestoßen und muss nun lernen, die Aufmerksamkeit der Erwachsenen zu teilen. In dieser Übergangsphase ist es die Aufgabe der Eltern, das erstgeborene Kind auf die Veränderung vorzubereiten und ihm auch nach der Geburt des zweiten Kindes Zeit und Aufmerksamkeit einzuräumen. Außerdem sind durch den Altersunterschied, auch wenn er sehr gering ist, die Interessen und Freunde häufig sehr verschieden, was ebenfalls zu Konflikten zwischen den Geschwistern führen kann. Diese müssen aber gelöst werden, da sonst ein Zusammenleben nicht möglich wäre. Bei einem größeren Altersunterschied zeigt das ältere Kind (so ca. ab dem fünften Lebensjahr) häufig fürsorgliches Verhalten und hat für das jüngere eine Vorbildfunktion. Es wird dadurch zu einer wichtigen Bezugsperson (vgl. Gloger-Tippelt 2007, S.172f).

Soziale Lebenswelt
Die soziale Lebenswelt meint die sozialen Kontakte der Familienmitglieder, wie Großeltern, Geschwister der Eltern, Freunde etc. Wie groß und umfangreich diese soziale Lebenswelt ist, ist individuell von der Familie abhängig. Auch die Intensität der sozialen

Beziehungen ist sehr individuell und personenabhängig. Elternschaft kann dazu beitragen, dass soziale Beziehungen in den Hintergrund gestellt werden. Allerdings nicht so stark wie häufig angenommen. In erster Linie achten die Mütter auf die Erhaltung ihrer Kontakte aus ihren Herkunftsfamilien. Bei Familien, die wenig Unterstützung durch ihr soziales Umfeld haben, ist die Paarbeziehung zufriedenstellender, da das gegenseitige Vertrauen eine große Rolle spielt. Auch das Investment des Vaters ist deutlich höher. Er unterstützt seine Partnerin bei Problemen, gibt Hilfestellungen und stellt keine überhöhten Forderungen an sie. Der Unterstützung durch die Eltern aus der Herkunftsfamilie wird häufig mehr Bedeutung zugemessen als jener aus dem Freundes- oder Bekanntenkreis. Die Großeltern können auch den Übergang in die Elternschaft erleichtern. Die Beziehung zwischen den jungen Eltern und deren eigenen Eltern verändert sich, indem der Kontakt intensiviert wird und ein Verständnis vonseiten der jungen Eltern gegenüber ihren eigenen Eltern entwickelt wird. Eine grundlegende Verbesserung der Großeltern-Elternbeziehung geht damit nicht unbedingt einher, vor allem, wenn sich die Großeltern in die Erziehung der Enkelkinder einmischen (vgl. Werneck 1998, S.38ff).

Der Einfluss der kulturellen Wertesysteme wird verdeutlicht durch die differenzierten Sozialisationsziele, die auf die gleichen Verhaltensweisen innerhalb der Beziehung wirken. Zum Beispiel wird das Stillen sowohl von Müttern aus dem US-amerikanischen als auch aus dem deutschen Kulturkreis sowie von den Nso-Bäuerinnen aus Kamerun als bedeutendstes Verhalten gegenüber Säuglingen erachtet. Die Ausgangspunkte sind jedoch verschieden. Denn während die westlichen Frauen sich davon eine Unterstützung in der Entwicklung zu einem selbstbewussten und unabhängigen Kind versprechen, ist für die Nso-Bäuerinnen das Stillen wichtig für die Integration in die Gemeinschaft. Zu beobachten ist auch, dass Familien der Mittelschicht aus den unterschiedlichsten Kulturkreisen ähnliche Verhaltensmuster zeigen (vgl. Keller 2008, S.112ff).

In der kindlichen Entwicklung wird die soziale Kompetenz des Kindes als sehr wichtig erachtet, da es nur auf diese Weise zu einem Erwachsenen werden kann, der sich problemlos ins gesellschaftliche Leben einfügen kann. In diesem Fall ist die Sozialisation erfolgreich verlaufen, vorausgesetzt, der Mensch ist von sich aus bereit dazu. Eltern haben bei diesem Entwicklungsprozess eine entscheidende Rolle. Aber je älter das Kind wird, desto bedeutsamer werden auch außerfamiliäre Kontakte, wie zum Beispiel der schulische Kontext. Dazu kommt noch, dass die Sozialisation entscheidend ist für das eigenständige Handeln (vgl. Schneewind 1991, S.137). Bronfenbrenner (1981, zit. n. Schneewind 1991, S.141) unterteilt die Familiensozialisation in seiner „Ökologie der menschlichen Entwicklung" wie folgt:

- Mikrosystem: Darunter werden die einzelnen Familienmitglieder verstanden.
- Mesosystem: Es bezieht sich auf Freunde und Verwandte.
- Exosystem: Darunter fallen die Gemeindeorganisation oder die Schule und auch Unternehmensstrukturen.

- Makrosystem: Es beinhaltet die gesellschaftliche Struktur, also die Politik, die Wirtschaft, die Kultur und die Gesetzgebung.
- Diese Systeme beeinflussen einander in einer Wechselwirkung (vgl. Schneewind 1991, S.141).

> *„Viel Beachtung hat die Funktion der sozialen Unterstützung aus sozialen Netzwerken erhalten. Dabei kann diese folgend kategorisiert werden:*
> - *Emotionale Unterstützung – dabei können beispielsweise Gefühle ohne Verurteilung ausgedrückt werden;*
> - *Informativ-beratende Unterstützung – Themen können unter anderen die altersmäßigen Bedürfnisse der Kinder sein;*
> - *Praktisch-instrumentelle Unterstützung – dazu zählt auch die materielle Hilfe;*
> - *Interpretativ-deutende Unterstützung – darunter versteht man beispielsweise die Hilfe bei der Interpretation einer Situation als Belastung und Stress oder als Herausforderung und Hilfe"* (Sträusselberger 2006, S.25).

Inwieweit die soziale Lebenswelt für die Familie bzw. einzelne Familienmitglieder von Bedeutung ist, wird auch im Kapitel 5 beschrieben.

2.3 Herausforderungen von Familie und Beruf

„Die Vereinbarkeit von Familie und Beruf stellt für Mütter und Väter eine besondere Herausforderung dar. Sie steht in engem Zusammenhang mit dem Ziel der Gleichstellung von Mann und Frau in der Gesellschaft." (Keller/Haustein 2012, S.30).

In diesem Kapitel wird in erster Linie auf die Herausforderungen aus dem Privatleben eingegangen. Die beruflichen Herausforderungen werden unter Kapitel 3 näher beschrieben.

2.3.1 Familiäre Herausforderungen

Eine wesentliche Herausforderung ist die Familienarbeit. Dabei handelt es sich um unbezahlte Arbeit, die zu Hause verrichtet wird, um die Familie zu erhalten (vgl. Coltrane 2000, S.1208f). Die Familienarbeit wird unterteilt in:
- Hausarbeit
- Instandhaltungs- und Reparaturarbeiten
- Kinderpflege und -betreuung
- Pflege bedürftiger Personen
- finanzielle Aufgaben
- planerische und organisatorische Aufgaben
- seelische Pflege

Diese Bereiche sind aber nicht klar abgrenzbar, sondern gehen oftmals ineinander über (vgl. Bullock/Waugh 2004, S.767f). Sie können oftmals belastend bzw. körperlich anstrengend sein. In den meisten Fällen handelt es sich dabei um wiederkehrende Routinearbeiten, die nicht gewürdigt werden, da ihnen kaum Aufmerksamkeit geschenkt wird, die aber für das Wohlergehen aller Familienmitglieder dringend erforderlich sind (vgl. Bullock/Waugh 2004, S.767f). Zu den am häufigsten genannten Belastungen von Müttern innerhalb der Familie zählen die Hausarbeit, psychische Verfassung der Mutter und ihre eigenen Stimmungszustände (vgl. ÖIF 2008 S.9).

Die Übernahme der Erziehungs- und Betreuungsarbeit erfolgt häufiger von Frauen als von Männern, denn die sehen ihre Hauptverantwortung eher im finanziellen Bereich. Die Aufteilung der Verantwortung wird häufig von den Frauen übernommen, wobei festzuhalten ist, dass das Verantwortungsgefühl der Männer mit zunehmendem Alter des Kindes steigt. Das höchste Maß erreicht das Verantwortungsgefühl beider Elternteile bei Betreuung ihrer 11- und 14-jährigen Kinder. Wenn es um die Erziehung der Kinder geht, ist auch hier ein deutlich höheres Verantwortungsgefühl bei den Müttern zu finden als bei den Vätern (vgl. ÖIF 2008 S.19ff). In diesem Zusammenhang ist aber auch festzuhalten, dass das zeitliche Ausmaß der Kinderbetreuung mit dem Arbeitszeitausmaß zusammenhängt, das heißt, je mehr Stunden für Erwerbsarbeit aufgewendet werden, desto geringer ist das Stundenausmaß der Kinderbetreuung. Die Kinderbetreuungszeit nimmt ebenfalls mit zunehmendem Alter des Kindes ab (vgl. ÖIF 2008 S28f). Es kann aber festgehalten werden, dass die Mehrheit der Eltern sich sowohl für die Betreuung als auch für die Erziehung und die finanzielle Vorsorge in einem hohen Ausmaß verantwortlich fühlen (vgl. ÖIF 2008 S.36). Je ausgeglichener die Aufteilung der Familienarbeit ist, desto besser wirkt sie sich auf die Zufriedenheit in der Partnerschaft aus. Eine Herausforderung entsteht meist dann, wenn nach der Geburt eines Kindes sich grundlegende Dinge ändern, speziell wenn die Mütter in erster Linie die Familienarbeiten übernehmen. Es würden sich viele Väter mehr Zeit mit der Familie wünschen, aber dementsprechend müssten sie auch ihre Arbeitszeit reduzieren. Eine zufriedenstellende Lösung der Verknüpfung von Erwerbs- und Familienarbeit ist für alle Beteiligten eine Herausforderung. Vor allem berufstätige Eltern haben immer das Gefühl, zu wenig Zeit für ihre Kinder zu haben (vgl. Walther/Lukoschat 2008, S.6). Eltern benötigen auch ein gewisses Ausmaß an Zeit für sich selbst. Viele Eltern geben jedoch an, dass sie nur wenig oder kaum Zeit für sich selbst zur freien Verfügung haben. Aus dem Angaben der Untersuchung des österreichischen Institutes für Familienforschung geht hervor, dass Väter individuell betrachtet mehr frei verfügbare Zeit haben als Mütter. Die persönliche Freizeit steigt aber mit zunehmendem Alter des Kindes (vgl. ÖIF 2008 S.31f). Dem gegenüber steht der Wunsch der Eltern, Zeit mit ihren Kindern zu verbringen. Fast ein Drittel der vollzeiterwerbstätigen Eltern würde gerne mehr Zeit mit ihren Kindern verbringen. Bei den nicht erwerbstätigen Eltern gaben 70 Prozent an, dass das verfügbare Ausmaß an Zeit, das sie mit ihren Kindern verbringen, genau richtig wäre. Daraus lässt sich schließen, dass das zeitliche Ausmaß an Erwerbs- und Hausarbeit im Zusammenhang mit dem Wunsch nach mehr oder weniger Zeit für das Kind steht (vgl. ÖIF 2008 S.33f).

2.3.2 Work-Family-Konflikt/-Bereicherung/-Balance

Der Work-Family-Konflikt wird in Zeit-, Beanspruchungs- und verhaltensbezogene Formen unterteilt. Die Forschung zum Work-Family-Konflikt bezieht sich auf eine grundlegende Wirkungskette aus der Stressliteratur, daher kann die Annahme getroffen werden, dass es sich dabei um einen Stressor handelt (vgl. Raida 2016, S.22f). Das Thema Stress wird unter Kapitel 3 näher beschrieben. Zu den Ursachen für einen Work-Family-Konflikt zählen Anforderungen aus dem Aufgabenbereich und dem sozialen Umfeld der Erwerbsarbeit. Die Beeinträchtigung, die in Bezug auf das Familienleben wahrgenommen wird, löst somit eine individuelle Stressreaktion aus. Diese Anforderungen aus dem beruflichen Umfeld müssen jedoch nicht nur negativ betrachtet werden, sondern können auch als Bereicherung verstanden werden. Die in der Erwerbsarbeit erlernten Kompetenzen können auch vorteilhaft im privaten Bereich zur Anwendung kommen. Dies wird dann als Work-Family-Bereicherung bezeichnet (vgl. Raida 2016, S.22f).

Unter Arbeits-Familien-Bereicherung versteht man das Ausmaß der Erfahrungen in der Arbeitswelt, die die Lebensqualität verbessern. Die Lebensqualität wir in diesem Zusammenhang verstanden als eine Kombination aus Leistungsfähigkeit, Erfüllung und positivem Affekt. Als eine Bereicherung wird der Zugewinn an Ressourcen durch die eine Rolle gesehen, indem sie individuelle positive Einflüsse auf die zweite ausübt. Das heißt, es können einerseits Erfahrungen aus dem Privatleben die Lebensqualität im Arbeitsleben verbessern, andererseits kann auch das Arbeitsleben einen positiven Einfluss auf das Familienleben haben (vgl. Greenhaus/Powell 2006, S.73f). Die Wirkung der Ressourcen aus der Arbeits-Familien-Bereicherung kann auf der Vermittlung von Fertigkeiten und Kompetenzen basieren oder auf indirekter Weise durch positive Emotionen, Werthaltungen etc. Aus der Sicht von Greenhaus und Powell (2006) gibt es 5 Arten von Ressourcen:

- Sichtweisen und Fähigkeiten: Darunter werden die interpersonellen und kognitiven Fähigkeiten verstanden.
- Physische und psychische Ressourcen: Diese verdeutlichen die persönliche Widerstandsfähigkeit und positive Selbstwahrnehmung und Emotionen.
- Sozialkapital: Diese Ressource bezieht sich auf die vorhandenen sozialen Kontakte bzw. die soziale Lebenswelt.
- Flexibilität: Darunter wird die Bestimmung über die Rollenanforderungen und die Selbstbestimmung verstanden.
- Materielle Ressourcen: Sie werden als Güter verstanden, die infolge der Arbeits- und Familiensituation erworben werden können.

Auf das Thema Ressourcen und Bereicherung wird aber vor allem in Kapitel 4 eingegangen, sodass es hier nicht näher behandelt werden muss.

Die Ergebnisse der Untersuchungen von McNall, Nicklin und Masuda (2010, zit. n. McNall et al. 2010, S.381 ff) stimmen mit jenen von Greenhaus und Powell (2006, zit. n. McNall et al. 2010, S.381 ff) überein. Sie zeigen Zusammenhänge zwischen arbeits- und nichtarbeitsbezogenen Ereignissen durch die Arbeits-Familien-Bereicherung. Allerdings ist die Forschung noch am Beginn hinsichtlich der Wirkung jener Ressourcen, die aus dem Arbeitsleben nicht nur einen positiven Einfluss auf das Familienleben haben, sondern sich auch auf die Lebenszufriedenheit positiv auswirken. Andererseits können ein hohes berufliches Engagement und umfangreiche Arbeitszeiten zu einem Konflikt führen, da die Ressourcen in erster Linie im beruflichen Umfeld genutzt und im familiären Umfeld reduziert werden (vgl. McNall et al. 2010, S.381 ff).

Zu dieser Differenzierung lässt sich noch als dritten Begriff die Arbeits-Familien-Balance hinzufügen, die als Kombination bzw. Wechselwirkung aus Konflikt und Bereicherung verstanden wird. Die Definition von Schobert (2007) beschreibt die Work-Family-Balance folgendermaßen:

> *„Work-Family-Balance ist das Ausmaß, in dem Individuen gleichermaßen involviert in – und gleichermaßen zufrieden mit – ihren Rollen aus dem Arbeits- und Familienleben sind. Sie erleben weniger Stress und erzielen ein hohes Maß an Selbstwertgefühl aus den Kompetenzen, die sie bei der Arbeit sowie im Privatleben erwerben."* (Schobert 2007, S.20)

Die Arbeits-Familien-Balance wird in die Komponenten Effektivität und Zufriedenheit geteilt. Dies ist aber kritisch zu betrachten, da diese Teilung impliziert, dass jedes Individuum den wahrgenommenen Anforderungen gerecht werden kann. Außerdem ist anzumerken, dass Zufriedenheit nicht zwangsläufig aus der Ausgeglichenheit von Erwerb- und Privatlebens resultiert (vgl. Raida 2016, S.25). Die Zufriedenheit steht unter anderem auch im Zusammenhang mit dem Ausmaß an Schlaf und Ruhe (vgl. ÖIF 2008 S.135).

Zusammenfassend kann gesagt werden, dass die Herausforderungen des Privatlebens die Vereinbarkeit von Erwerbs- und Privatleben sowohl positiv wie auch negativ beeinflussen können. Wie hoch das Maß der Effektivität ist, ist davon abhängig, wie der Umgang mit den Anforderungen in beiden Bereichen funktioniert. Die Zufriedenheit, die aus der Balance resultiert, ist abhängig vom Grad der Vereinbarkeit der beiden Bereiche (vgl. Raida 2016, S.25).

3 Berufsfeld: Linienpilot

3.1 Berufsbeschreibung und Arbeitsorganisation

Das Berufsbild des Piloten hat sich im Laufe der Geschichte des Fliegens stark gewandelt. So waren die Anforderungen an ihn in der Pionierzeit weitaus geringer als in der heutigen kommerziellen Luftfahrt. Eine Charakterisierung ist aber durchgängig gleichgeblieben, nämlich die des „Helden". Der Beruf ist nach wie vor sehr prestigeträchtig, aber zugleich auch mit zahlreichen Vorurteilen behaftet. So wird den Piloten ein sehr gutes Einkommen zugeschrieben. Dann wird angenommen, dass ein Copilot während seines Fluges nichts zu tun habe und ein Pilot auch nie zu Hause sei. Diese und andere Klischees können oftmals die Berufsausübung erschweren. Im Gegensatz zu früher ist das Reisen mit einem Flugzeug heute für die meisten Menschen in der westlichen Welt weitgehend genauso selbstverständlich geworden wie das Fahren mit dem Bus. Obwohl die Konkurrenz in den letzten Jahren gewachsen ist und Billigangebote den Markt erobern, sind die Fluggesellschaften immer noch daran interessiert, das Flugzeug als ein sehr exklusives Transportmittel darzustellen (vgl. Grohmann/Großmann 2011, S.11). Dementsprechend ist auch dafür zu sorgen, dass der gebotene Service einen gewissen Standard erfüllt. Das betrifft nicht nur die Kabinen-Crew, sondern auch die Cockpit-Crew. Damit stehen der Sicherheitsgedanke und die Wirtschaftlichkeit im Vordergrund, was möglicherweise dazu führt, dass der Status eines Verkehrsflugzeugführers davon geprägt wird. Dementsprechend gibt es für diesen Beruf einige Anforderungen. (vgl. Matuschek/Kleemann 2009, S.161f).

Die Arbeit im Cockpit erfordert von den Piloten flexibles, situationsgerechtes und strukturiertes Handeln. Daraus lässt sich schließen, dass das berufliche Umfeld des Piloten ein Hochleistungszentrum ist. Um ein strukturiertes Vorgehen der gesamten Besatzung zu garantieren, ist es notwendig regelmäßige Schulungen zu den Themen Organisations- und Kooperationskonzepte und auch hinsichtlich der Anwendung nicht-technischer Fertigkeiten zu besuchen (vgl. Olthoff/Hinsch 2013, S.192f).

Im Flugverkehr basieren die Informationssysteme auf Computersystemen, die die Menge an Informationen standardisierbar und damit überschaubar machen. Dies bezieht sich sowohl auf den Arbeitsgegenstand als auch auf das Arbeitsmittel. Im übertragenen Sinne ist die Fähigkeit des Piloten zu wissen, wann welcher Knopf zu drücken ist, um das Flugzeug zum Fliegen zu bringen bzw. in der Luft zu halten und sicher zu landen (vgl. Matuschek/Kleemann 2009, S.161ff).

Die deutsche Lufthansa beschreibt auf ihrer Homepage den Beruf des Piloten als den eines „Managers über den Wolken". Das heutige Cockpit wird als „Computerzentrale" bezeichnet, in der Piloten und Pilotinnen aufgrund der benötigten technischen Kenntnisse im Zusammenhang mit computerspezifiziertem Systemverständnis eine Vergrößerung der Herausforderungen erfahren (vgl. Deutsche Lufthansa AG, o.J., o.S.). Die Einführung der computergesteuerten Automatisierung im Cockpit sollte ursprünglich eine Entlastung sein. Mittlerweile weiß man aber, dass in der Überwachung der Informationssysteme und ihrer richtigen Funktionsweise lediglich eine Verschiebung der Belastungsprofile stattgefunden hat. Die erhöhte Konzentration und monotone Überwachungsaufgabe über einen längeren Zeitraum führen zur Ermüdung und zum Sinken der Leistungsfähigkeit. Die Vielzahl der Informationssysteme bringt auch das Risiko erhöhter Ausfalls- bzw. Fehlerwahrscheinlichkeit mit sich. Zudem wird durch die Nutzung des Autopiloten die fliegerische Fähigkeit des Piloten vermindert. Im Falle eines technischen Notfalls, bei dem die Systeme ausfallen, ist das Risiko eines Flugunfalls sehr gering, wenn der Pilot über gute manuelle Flugfähigkeiten verfügt. Der Umgang mit Fehlern ist ein wichtiger Lernprozess, da dadurch die Flugsicherheit erhöht wird. Die Anwendung der Checkliste ist hierfür ein effektives Konzept, da über mögliche Fehler gesprochen werden muss (vgl. Hinkelbein/Dambier 2007, S.195f).

Obwohl das Fliegen für viele Menschen ein Gefühl von Freiheit vermittelt, ist es mit einem hohen Risiko verbunden. Um die Sicherheit im Flugverkehr zu gewährleisten, haben Fluggesellschaften die Aufgabe, ihre Flugzeuge regelmäßig zu warten und auch das Personal, wie schon erwähnt, ständig zu schulen. Diese Einhaltung der Sicherheitsmaßnahmen überprüft auch das Luftfahrtbundesamt. Je besser ein Pilot auf mögliche Zwischenfälle im Cockpit vorbereitet ist, umso effizienter kann er im Notfall handeln (vgl. Grohmann/Großmann 2011, S.13). Eine dieser regelmäßigen Schulungen, zur Erhöhung der Flugsicherheit, ist das Crew Resource Management (CRM) Training. Die zentralen Schulungselemente sind Führungs- und Teamverhalten, Kommunikation, Entscheidungsfindung, Situationsbewusstsein, Aufgabenstrukturierung, Workload- und Stressmanagement sowie deren praktische Anwendung. Ziel des CRM ist die Minimierung menschlichen Versagens im Flugbetrieb. Dabei werden auch die Sozialkompetenz, das Kooperationsverhalten, die Wahrnehmung, und die persönliche Disziplin sowie das Engagement verbessert (vgl. Olthoff/Hinsch 2013, S.193).

Die Schulung hat einen stark gruppenorientierten Charakter, da durch die Zusammenarbeit der einzelnen Crewmitglieder diese für die Gefahrenminimierung bzw. Gefahrenvermeidung sensibilisiert werden sollen, vor allem bei der Teamarbeit im Cockpit. Dabei ist die didaktische Aufbereitung, sowohl auf die individuelle als auch auf die gruppenorientierte Ebene hin ausgerichtet. Auf diese Weise werden neben den technischen Abläufen auch die interpersonellen Strukturen vertieft und verfeinert. Das Seminar ist regelmäßig und verpflichtend für jede MitarbeiterIn zu besuchen (vgl. Olthoff/Hinsch 2013, S.194f). Die menschliche Fehleranfälligkeit steigt, wenn die Arbeitslast zunimmt, zum Beispiel durch das Aufholen von Verspätungen, die Beurteilung von Schlechtwetterlagen oder die Bewertung des Umgehens mit Ausfällen von Instrumenten

Die folgende Grafik verdeutlicht die essentiellen Inhalte des CRM:

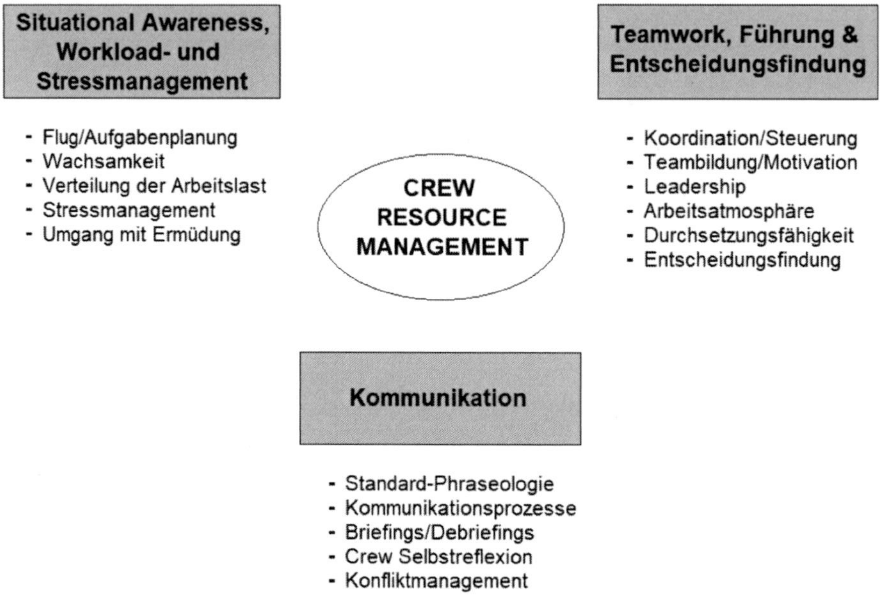

Situational Awareness, Workload- und Stressmanagement		**Teamwork, Führung & Entscheidungsfindung**
- Flug/Aufgabenplanung - Wachsamkeit - Verteilung der Arbeitslast - Stressmanagement - Umgang mit Ermüdung	CREW RESOURCE MANAGEMENT	- Koordination/Steuerung - Teambildung/Motivation - Leadership - Arbeitsatmosphäre - Durchsetzungsfähigkeit - Entscheidungsfindung

Kommunikation

- Standard-Phraseologie
- Kommunikationsprozesse
- Briefings/Debriefings
- Crew Selbstreflexion
- Konfliktmanagement

Abbildung 1: Crew Resource Management
    (übernommen aus: Olthoff/Hinsch 2013, S.194).

oder eines Systems. Dadurch können Stressoren entstehen. Minimiert wird diese Arbeitslast durch Priorisierung, Arbeitsteilung etc. Bei der Verteilung der Aufgabengebiete im Cockpit muss genau und unmissverständlich festgelegt werden, wer für was zuständig ist. Denn erst dann ist die Arbeitsteilung eine Entlastung. Als andere Extremsituation können die Zeiten der Unterauslastung gesehen werden. Dies ist häufig bei Langstreckenflügen in der Nacht der Fall. Es besteht die Gefahr, dass die Aufmerksamkeit nachlässt, verhindern kann man dies zum Beispiel durch Smalltalk (vgl. Olthoff/ Hinsch 2013, S.208f). Da die Reaktionen der Menschen auf die situativen Anforderungen unterschiedlich sind, sind auch die empfundenen Stressoren unterschiedlich. Daher ist das Stressmanagement in der Luftfahrt von großer Bedeutung. Stressursachen können hohe Verantwortung, Lärm, ein ständig wechselndes komplexes Umfeld, wenig Schlaf oder lange unregelmäßige Arbeitszeiten sein. Ein entscheidender Faktor ist die individuelle Wahrnehmung der Bedrohung in der tatsächlichen Situation. Hinzu kommt das Maß der Anspannung. Ebenfalls einen Einfluss auf das empfundene Stresspotential haben außerberufliche Belastungen, beispielsweise schwer planbare Freizeit, Beziehungsprobleme, Familienstreitigkeiten etc. Wenn der Stressor langfristig wirkt, kann dies die berufliche Leistungsfähigkeit einschränken. Besonders riskant ist es, wenn chronischer Stress mit akutem Stress zusammen auftritt. Erhöhter Stress kann zu einer veränderten Wahrnehmung, keinem objektiven Zugang zu Problemen und

Unfähigkeit zu kritischem Denken und Handeln führen. Das Vorgehen ist dann nicht strukturiert und zielorientiert, sondern sprunghaft und durch Außenreize geprägt. Es kann passieren, dass die Kommunikation zwischen Kapitän und Copilot reduziert wird und einer der Beiden zum Beispiel eigenmächtig handelt. So steigt das Potential an Missverständnissen. Solche Situationen können für die Crew und die Passagiere lebensgefährlich werden, daher werden solche Extremsituationen unter enormem Stress innerhalb des CRM- und Simulatortrainings geübt. Ein gutes Teamwork und eine angenehme Arbeitsatmosphäre fördern sowohl effektive Stressbewältigung als auch erfolgreiche Auftragserfüllung (vgl. Olthoff/Hinsch 2013, S.210). Genaue Details zum Thema Stress, seinen Ursachen und Coping werden im Kapitel 4 näher beschrieben. Neben dem CRM-Training gibt es noch das Human Factor Training. Hierbei werden die intrapersonalen Faktoren fokussiert. Mittels der Analyse der Arbeitsumgebung und der Kommunikation der Crewmitglieder während des Flugdienstes, kann die umfassende Informationsleistung, die das Gedächtnis bewältigt, sichtbar gemacht werden. Denn die menschliche Wahrnehmung wird ebenfalls durch Stress, Motivation, körperliche Erschöpfung bzw. körperliche Fitness beeinflusst (vgl. Klingels 2013, S.222). Wie schon beim CRM-Training erwähnt, spielt auch hier die Kommunikation und Interaktion der Crewmitglieder eine essenzielle Rolle. Ziel des Human Factor Trainings ist es, die Qualität und die Sicherheit des Personals zu verbessern. Am besten gelingt dies über ein betriebliches Selbstverständnis einer Qualitäts- und Sicherheitskultur. Durch das Training werden sogenannte angemessene Verhaltensmuster und -standards eingeübt, die in entsprechenden neuen, unvorhersehbaren Situationen angewendet werden können, damit sich so die Crewmitglieder besser und schneller darauf einstellen können. Dies stärkt das Situationsbewusstsein. Dadurch wird zusätzlich flexibles Handeln vereinfacht (vgl. Klingels 2013, S.224). Die Fehlerminimierung wird durch die Sensibilisierung für die Arbeitsumgebung sowie für alle psychischen, sozialen und kognitiven Einflussfaktoren ermöglicht. Jedoch lassen sich Vorfälle oder Fehler nicht gänzlich verhindern vielmehr wird in diesen Trainings die Fähigkeit erlernt, wie man mit Fehlern umgeht und vor allem warum diese passiert sind. Ebenso dient das Debriefing dazu, sich die Situation noch einmal in Ruhe vor Augen zu führen, um zu erkennen, wie man eine Wiederholung desselben Fehlers vermeiden kann und auch das Teilen dieser Erfahrung unter KollegInnen stellt somit einen wichtigen Faktor zur Fehlerminimierung dar (vgl. Klingels 2013, S.244).

Der Beruf ist sehr stark durch strenge Vorgaben hinsichtlich kognitiver, physischer und psychischer Gesundheit reglementiert, sowohl von Seiten der Luftfahrtbehörde als auch von Seiten verschiedener Fluggesellschaften. Daher findet schon vor der Zulassung zur Ausbildung eine erste Selektion statt. Eine Grundvoraussetzung ist beispielsweise ein einwandfreier Leumund. Bevor eine Fluggesellschaft einen angehenden Piloten ausbildet bzw. einstellt, hat die InteressentIn einen Auswahl- und Eignungstest zu bestehen, der darüber entscheidet, ob die Ausbildung bei der Fluggesellschaft gemacht werden kann. Die folgende Abbildung veranschaulicht bisherige Aufnahmeverfahren der Lufthansa, aufgrund derzeitiger Neuerungen ist jedoch nicht unbedingt davon auszugehen, dass dies in Zukunft auch in dieser Form so weiter geführt wird.

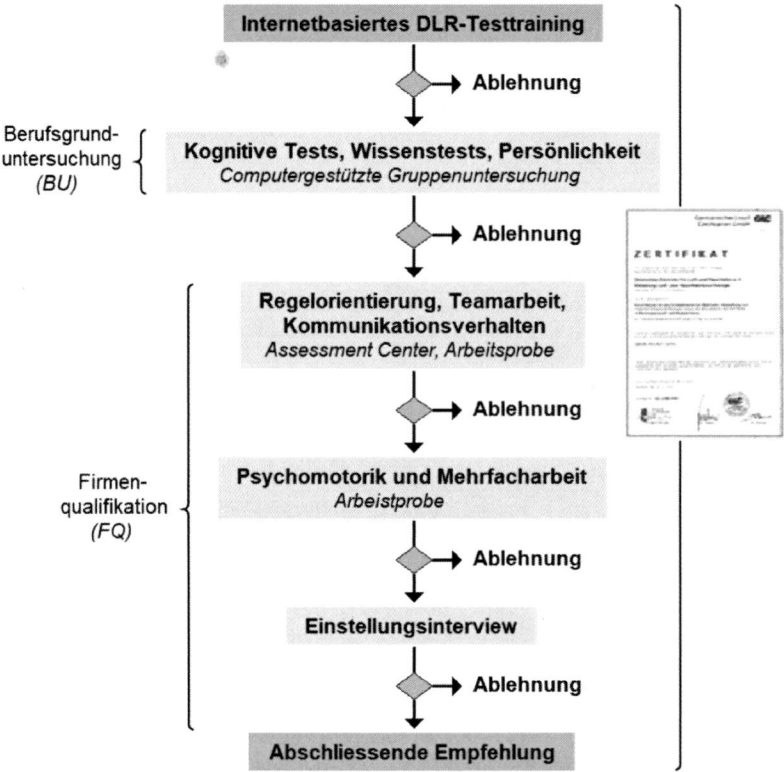

Abbildung 2: Schematischer Ablauf des Untersuchungsverfahrens der Lufthansa
(übernommen aus: Oubaid 2013, S.257).

Dazu kommt eine medizinische Untersuchung. Die Voraussetzung hierfür ist ein gutes Sehvermögen, keine Rot-Grün-Sehschwäche, körperliche Fitness etc. Diese BewerberInnen werden „Ab initio PilotInnen" genannt. Zu dieser Gruppe gibt es noch sogenannte „Ready Entry PilotInnen", das sind bereits ausgebildete LinienpilotInnen, die aber auch einen airlinespezifischen Aufnahmetest bestehen müssen (vgl. SWISS o.J., o.S.). Im Anschluss wird die Ausbildung zur LinienpilotIn kurz beschrieben.

Die Ausbildung besteht aufbauend aus dem Privat- (PPL), der Berufs-(CPL) und der Verkehrspilotenlizenz (ATPL) bzw. Multipilotlizenz (MPL) sowie zahlreichen untergeordneten Lizenzen, wie zum Beispiel die Sicht- und Instrumentenflugberechtigung, „Radio Navigation", „Human Performance and Limitations" etc. Die Ausbildung sowie die Vergabe der Lizenzen erfolgt nach dem „Joint Aviation Regulations Flight Crew Licensing" (JAR-FCL) System. Neben den theoretischen Befähigungen sind rund 195 praktische Flugstunden zu leisten (vgl. Verordnung der Europäischen Kommission 2011, o.S.). Es folgt eine Übersicht über den bisherigen Ausbildungsplan der Deutschen Lufthansa (Auslaufmodell – die Inhalte jedoch bleiben gleich).

Wie erwähnt, muss, bevor man als Linienpilot arbeiten darf, ein sogenanntes „Type-Rating" (Berechtigung für einen speziellen Flugzeugtyp) absolviert werden. Dieses beinhaltet auch eine Einführung in eine spezifische Flugstrecke (Buld 2000/Wiessmann 2002; Helmreich 2000; Roeding 2000 zit. n. Huchler 2013, S.66f; SWISS o.J., o.S.). Die gesetzlichen Vorschriften regeln die Zulassungen zu den jeweiligen Flugzeugtypen. Denn jeder Linienpilot muss durch eine spezifische Ausbildung eine Typberechtigung erwerben, das heißt, es kann nicht jeder Pilot a priori jedes Flugzeug einer Flotte fliegen (vgl. Himpel 2009, S.28). Wenn man auf einen anderen Flugzeugtypus wechselt, ist auch ein neues oder anderes „Type-Rating" zu absolvieren, zum Beispiel bei einem Wechsel von einem Airbus 320 auf einen Airbus 340. Um diese Ausbildung zu starten, besteht, wie bereits erwähnt, die Möglichkeit, mittels eines Aufnahmetests bei einer Airline (SWISS, Lufthansa, Austrian Airlines,…) zu beginnen. Eine Alternative bietet der Besuch einer sogenannten „privat" finanzierten Ausbildung. Letztere garantiert jedoch keinen Zugang zum Berufsfeld. Derzeit werden Änderungen in der airlinespezifischen Ausbildung bei der Lufthansa entwickelt.

Nach Abschluss der Ausbildung und Antritt im Linienflugdienst folgen regelmäßige Tests, Nachschulungen und „Refresher-Kurse". Hier sind auch Seminare, wie das „Crew Resource Management" (CRM), inkludiert. Neben den technischen Schwerpunkten wie Flugsicherung und Navigation sind auch persönliche Kompetenzen wie Situationsbewusstsein, Entscheidungshandeln, Teamfähigkeit, Konfliktmanagement, etc. bedeutsam. Außerdem wird auch die medizinische Tauglichkeit regelmäßig überprüft (Burchell 2002, zit. n. Huchler S.66f). Bei der medizinischen Eignung werden unter anderem der Blutdruck gemessen und Seh- und Hörtests, etc. durchgeführt (Verordnung der Europäischen Kommission 216/2008). Für die Sicherheitsgewährleistung sind interpersonelle und soziale Kompetenzen essenziell (Buld 2000/Wiessmann 2002; Helmreich 2000; Roeding 2000 zit. n. Huchler 2013, S.66f). Ein Pilot hat aufgrund komplexer Orientierungs-, Steuerungs- und Koordinationsanforderungen Fähigkeiten wie Flexibilität, Selbstbewusstsein, Konfliktfähigkeit, Belastbarkeit, Verlässlichkeit, Verantwortungsbewusstsein, Anpassungsfähigkeit, kooperatives und kommunikatives Sozialverhalten, Konfliktfähigkeit, Gelassenheit, Achtsamkeit und Disziplin aufzuweisen (vgl. Hinkelbein/Dambier 2007, S.186).

Linienpiloten sind in den ersten Dienstjahren mit ihrer Tätigkeit meist vollkommen ausgelastet. Die alltäglichen Belastungen werden verstärkt wahrgenommen, bis eine gewisse Routine einkehrt. Dazu kommen noch wirtschaftlicher und zeitlicher Druck (vgl. Huchler 2013, S.12).

Tabelle 2: Übersicht des Ausbildungsverlaufs bei der deutschen Lufthansa

Theorieunterricht in Bremen	Zu den theoretischen Unterrichtsinhalten der Ausbildung zählt unter anderem Navigation, Meteorologie, Elektrotechnik, Air Traffic Control, Aerodynamik und Human Performance and Limitations. Abgeschlossen wird dieser Ausbildungsabschnitt mit internen Prüfungen.
Flugpraxis Teil 1 in Phoenix (Arizona, USA)	In Goodyear, in der Nähe von Phoenix (Arizona, USA) lernen die FlugschülerInnen zunächst unter Anleitung amerikanischer Fluglehrer ihre ersten praktischen Erfahrungen mit der einmotorigen Beech Bonanza F33. Des Weiteren stehen Flugstunden im Flight and Navigation Procedures Trainer (FNPT) auf dem Programm. Dazu kommen noch Temperaturen von bis zu 40°C, die ebenfalls eine körperliche Herausforderung darstellen. Nach etwa drei bis vier Wochen erfolgt der erste Soloflug. Die Unterrichtsabschnitte beinhaltet Briefing zur Flugvorbereitung, Training, Debriefing und das Fliegen selbst, das den Alltag im Airline Training Center Arizona (ATCA) bestimmt.
Flugpraxis Teil 2 mit der Cessna Citation CJ1+ durch Norddeutschland und Europa	Nach der ATPL-Prüfung beginnt in Bremen die zweite Phase der praktischen Ausbildung im Jet Cessna Citation CJ1+. Zunächst werden im Simulator, alle möglichen System- und Triebwerksausfälle ausführlich geübt. Nach einigen Stunden Flugerfahrung wird im richtigen Flugzeug in Deutschland und Europa geübt. Der Jet verfügt über eine Höchstgeschwindigkeit von 720 Stundenkilometern und über eine Reichweite von 2.402 Kilometern. In Bremen wird auf eine weitere Single-Pilot-Ausbildung verzichtet. Mit der Citation trainieren die Piloten im Hinblick auf den späteren Linieneinsatz das Jetfliegen gleich unter dem Gesichtspunkt der Zusammenarbeit im Zweierteam.
Praxisplatz und Type Rating	Zweimal vier Monate lang arbeiten die Flugschüler nun in unterschiedlichen Fachbereichen, z.B. im Flugbetrieb der Lufthansa Passage oder Lufthansa Cargo mit und lernen die Abläufe am Boden kennen. Für diese Zeit erhalten sie eine Vergütung etwas oberhalb der Praktikantenvergütung für HochschülerInnen. Im Fall von Bedarfserhöhung kann diese Zeit auf vier Monate gekürzt werden. Der Abschluss findet mit dem Type Rating, der Musterschulung auf einem bestimmten Flugzeugtyp, in Frankfurt am Main oder anderen Schulungsorten statt.

(modifiziert übernommen aus: Deutsche Lufthansa AG, o.J., o.S.).

Um auf die umfangreichen Anforderungen zurückzukommen, so sind neben den Kenntnissen über Technik und Fremdsprachen auch das Managen am Boden, Multitasking-Fähigkeiten und soziale Kompetenz bedeutsam. Linienpiloten müssen oftmals innerhalb kürzester Zeit zahlreiche Entscheidungen treffen, deren Priorität sie nie außer Acht lassen dürfen. Sie müssen wachsam sein, Führungsqualitäten besitzen und Durchsetzungskraft haben. Ein Linienpilot hat die Pflicht, den Passagieren und auch der Kabinenbesatzung ein Sicherheitsgefühl und Wohlbefinden zu vermitteln und ein angenehmes Arbeits- und Aufenthaltsklima schaffen. Der Flugkapitän kann somit auch als „Manager der Lüfte" gesehen werden (vgl. Grohmann/Großmann 2011, S.10f). Grohmann und Großmann (2011) beschreiben den Charakter eines Piloten als den eines positiv denkenden ausgewogenen Menschen, der ein großes Wissensrepertoire über das Fliegen hat, gleichzeitig kommunikativ ist und logisch denken kann, der aber auch über eine schnelle Auffassungsgabe verfügt und mit Krisensituationen umgehen kann (vgl. Grohmann/Großmann 2011, S.12). Die Eignungsmerkmale eines Piloten unterteilen sich in kognitive Merkmale und Persönlichkeitsmerkmale:

Kognitive Merkmale:	Persönlichkeitsmerkmale:
Konzentration	Kooperationsbereitschaft
allgemeine Intelligenz	Selbstbehauptung
Rechenfertigkeit	Flexibilität/Anpassung
Merkfähigkeit	Planungs- und Organisationsvermögen
technisches Verständnis	Entscheidungsverhalten
räumliches Vorstellungsvermögen	Belastbarkeit
Aufmerksamkeitsverteilung	Leistungsbereitschaft
Um- und Übersicht	fliegerische Motivation
Befähigung zur Mehrfachbelastbarkeit	Führungsbefähigung
Übungsfortschritt	soziale Integrationsfähigkeit
Psychomotorische Koordinationsfähigkeit	Kooperationsbereitschaft
Handlungsentschiedenheit	Selbstbehauptung

(Pongratz 2002, S.17-6)

Diese Kenntnisse, Fähigkeiten und Kompetenzen sind bereits bei Berufsanwärtern Grundvoraussetzungen, die in mehreren Durchläufen in einem Assessment-Center überprüft werden. Je nach Fluglinie werden diese Bedingungen individuell ermittelt. Neben den kognitiven Fähigkeiten (Matura-Abschluss) werden auch ein hervorragender medizinischer Zustand und ein einwandfreier Leumund berücksichtigt (vgl. Grohmann/Großmann 2011, S.10f).

Der Dienstgrad, den ein Linienpilot beim Berufseinstieg innehat, ist der des Copiloten (FO), auf der Langstrecke folgt der Senior First Officer (SFO) als Stellvertreter des Kapitäns. Im Falle eines Langstreckenfluges sind zwei bis drei Piloten im Cockpit, je nach Flugdauer. Wenn der Kapitän die ihm zustehende Ruhezeit antritt, übernimmt der SFO die Führung und Verantwortung. Bei einem Kurzstreckenflug sind nur zwei Piloten anwesend, außer es handelt sich um einen Prüfungsflug, zum Beispiel bei der Kapitänsausbildung. Der Dienstgrad des Kapitäns ist der höchste zu erreichende Grad. Die Karriere eines Piloten innerhalb einer Airline umfasst somit meist drei Stufen. Um Flugkapitän werden zu können, ist die Reihung der Senioritätsliste entscheidend. Das Voranrücken auf dieser Liste und ein positives Absolvieren der zusätzlichen Ausbildung zum Kapitän mit zahlreichen Prüfungen und psychologischer Eignung (zumindest bei der Lufthansa-Gruppe) ermöglichen den Karrieresprung zum Flugkapitän. Der Flugkapitän hat die Verantwortung über das gesamte Flugzeug, das heißt über das technische Gerät, die Passagiere und die gesamte Crew. Er haftet für etwaige Schäden, Notfälle etc. und verfügt über ein unabdingbares Weisungsrecht (vgl. Huchler 2013, S.12f). Um die Verantwortung eines Flugkapitäns etwas zu verdeutlichen, folgt ein Auszug aus dem österreichischen Luftfahrtgesetz (LFG):

„§125. (1) Im Bereich der Zivilluftfahrt ist verantwortlicher Pilot jener Luftfahrer, der das Luftfahrzeug befehligt. (2) Der verantwortliche Pilot hat
1. alle zur Aufrechterhaltung von Ordnung und Sicherheit des Luftfahrzeuges notwenigen Maßnahmen zu treffen,
2. strafbare Handlungen an Bord des Luftfahrzeuges unbeschadet der nach sonstigen Rechtsvorschriften stehenden Anzeigepflichten binnen 48 Stunden der Austro Control GmbH anzuzeigen,
3. das Bordbuch gemäß Artikel 34 AIZ und den anwendbaren unionsrechtlichen Vorschriften sowohl für international als auch für national verwendeten Luftfahrzeuge zu führen und die im Art. 29 AIZ genannten Urkunden und das Lärmzeugnis sowie etwaige gemäß den §§18 Abs. 2, 20 und 132 erteilten Bewilligungen oder auf Grund der unionsrechtlichen Bestimmungen gemäß §24a ausgestellte Fluggenehmigungen und etwaige gemäße §24b Abs. 4 ausgestellte Abschriften von Vereinbarungen gemäß Art. 83 bis AIZ bei jedem Flug an Bord mitzuführen.
(3) Die sich aus Abs. 2 ergebenden Verpflichtungen treffen bei Ausfall des verantwortlichen Piloten dessen Stellvertreter.“ (LFG §125 RIS Datenbank)

Zu den Aufgaben im Flugbetrieb zählt auch die sogenannte „Bodenarbeit", darunter fallen Arbeiten, wie die Inbetriebnahme bzw. Übernahme eines Flugzeuges, Überprüfung des Fluggerätes, Sicherheitsaufnahmen, etc. aber auch Positionen wie die der Personalvertretung, des Flottenchefs, Flugbetriebsleiters, des Ausbildners auf der Linie, etc. Es gibt sogar Positionen am Boden, die für Piloten ausgeschrieben sind, zum Beispiel in der Administration oder im Management (vgl. Huchler 2013, S.13f). Eine weitere Ausführung dieser Karrieremöglichkeiten würde jedoch den Rahmen dieser Dissertation sprengen. Die Vorbereitung und Durchführung eines Fluges ist eine Herausforderung, die rechtliche Grundsätze wie Start- und Landerechte, betriebswirtschaftliche Grundsätze, wie die preisgünstige Variante hinsichtlich Flugzeug und Streckenauswahl, Erfüllung der technischen Voraussetzungen wie regelmäßige Wartung und organisatorische Bedingungen wie die Crew- Zusammenstellung und die Arbeitszeiten umfasst (vgl. Matuschek 2008, S.19).

Die folgende Beschreibung soll einen kleinen Einblick in den Berufsalltag eines Linienpiloten im Personenluftverkehr geben. Darauf hinzuweisen ist, dass die Beschreibung sich nur auf einen Flugabschnitt, einen sogenannten „Leg" bezieht. Der Berufsalltag eines Piloten beginnt mit dem Crewbriefing, einer Besprechung über das Wetter, den Streckenverlauf und die Besonderheiten des Fluges, danach betrit die Mannschaft das Flugzeug und bereitet es auf den Start vor. Die beiden Piloten überprüfen nun das Technikbuch und geben die Routen- und Wetterdaten in den Flight Management Computer (FMC) ein. Wenn der Kapitän am Vorfeld die visuelle Inspektion des Flugzeugs (outside check) gemacht hat, wird das Cockpit vorbereitet. Bei diesem Kontrollgang, der vor jedem Flug durchzuführen ist, muss das Flugzeug auf sichtbare Schäden überprüft werden. Größte Aufmerksamkeit gilt den Tragflächen mit den dazugehörenden Klappensystemen, den Triebwerken, dem Fahrwerk und den Bremsen. Anhand der vorläufigen Passagier- und Frachtzahlen werden das Gewicht und die nötige Treibstoffmenge berechnet. Anschließend werden das Cockpit und die Instrumente anhand von sogenannten Checklisten kontrolliert. Nach den letzten Formalitäten und der Absprache mit der Kabinenbesatzung, werden nach der Freigabe der Bodenkontrolle die Triebwerke angelassen. Der Kapitän, gemeinsam mit dem First Officer (FO), wird in den nächsten Stunden verantwortlich für die Sicherheit der Passagiere, der Besatzung und der Maschine sein. Mit der Rollfreigabe wird die Parkposition verlassen. Der Kapitän steuert das Flugzeug Richtung Startbahn. Auf dem Taxiway (Rollbahn) und der Runway (Startbahn) werden weitere Verfahren anhand Checklisten überprüft. Nach der Startfreigabe (Take-Off Clearance) übernimmt auf diesem Flugabschnitt („Leg") einer die Aufgabe des Fliegens (Pilot Flying) und der andere das Funken und Beobachten der Anzeigen. Wenn die Reiseflughöhe erreicht ist, wird der Autopilot eingeschaltet. Nach der Ansage fangen die beiden Piloten an, gemeinsam die Papiere zu bearbeiten. Jetzt bleibt je nach Flugdauer, Zeit für das Essen und für die Vorbereitung auf den Landeanflug. Dabei werden immer das Wetter und die Anzeigen überprüft. Dazu verschafft man sich einen Überblick über nahe gelegene Flughäfen und erarbeitet vorgängig Strategien, sollte ein Notfall eintreten etc. Nach der Landung wird das Flugzeug auf das Vorfeld an die vorgegebene Parkposition gerollt. Dort werden die letzten Papiere für den Abschluss bearbeitet. Meist ist nicht viel Zeit zwischen der Landung und dem nächsten Start, daher wird gleich nach Abschluss des einen Fluges der nächste vorbereitet. Parallel mit den Arbeiten der Flugzeugbesatzung am Boden beginnt der technische Service-Ablauf am Jet durch Fremdfirmen: Betankung, Reinigung der Maschine und das Catering (dem Laden von Speisen und Getränken). Eine lückenlose Planung ist eine der wichtigsten Grundvoraussetzungen in der Fliegerei (vgl. Air Berlin o.J. o.S.).

Diese Beschreibung eines Flugabschnittes und seiner Vorbereitung trifft bei der Lang- und Mittelstecke nahezu genauso zu, da nur ein „Leg" geflogen wird, das allerdings mehrere Stunden dauert, zum Beispiel ein Flug von München nach Los Angeles. Auf der Kurzstrecke werden mehrere Legs pro Tag geflogen, die in Summe ebenfalls mehr als 12 Stunden dauern können. Die maximale Flugdienstzeit kann bis zu 15 Stunden erweitert werden, wenn ein komfortabler verstellbarer Sitz den Crewmitgliedern zur Verfügung gestellt wird, oder sollten Betten („Bunks") vorhanden sein, sogar bis zu 18 Stunden. Diese Regelungen werden im Betriebshandbuch des jeweiligen Flugunternehmens festgehalten und durch das Luftfahrtbundesamt bestätigt. Dazu kommt eine entsprechende Ruhezeit nach einem Arbeitstag, die genauso lange dauert wie der vorangegangene Arbeitstag. Allerdings kann diese Ruhezeit verkürzt werden, falls während der Dienstzeit Ruhezeiten anfallen. Zeitzonen werden erst ab der 3. Zone für die Ruhezeit berücksichtigt. Dazu kommen noch Bereitschaftsdienste („Standby"), in denen nicht immer ein Dienst geleistet werden muss (vgl. Verordnung (EWG) Nr. 3922/91, S.1f). Neben den Flugdienstzeiten ist auch das Streckennetz ein wesentlicher Teil des Arbeitsalltags. Die Unterteilung der Strecken ist nach ihrer Länge geregelt. Die Deutsche Lufthansa AG macht dabei in ihrem DEF 90 folgende Differenzierung:

• Langstrecke: Sie umfasst Flüge nach Amerika, Afrika (Ausnahme: Nordafrika) und Asien inklusive Pazifik-Raum.

• Mittelstrecke: Diese beinhaltet alle europäischen Strecken, Nahost und Nordafrika.

• Kurzstrecke: Sie reduziert sich auf Flüge innerhalb Deutschlands und in das benachbarte Ausland (vgl. Maurer 2006, S.11).

Andere Fluggesellschaften haben ähnliche Unterteilungen. Das Streckenprofil hat einen wesentlichen Einfluss auf das Privatleben der Piloten. Da die Vereinbarkeit von Beruf und Privatleben möglicherweise durch zeitliche Intervalle erschwert wird (vgl. Huchler 2013, S.13).

Im folgenden Kapitel wird auf diese und andere Herausforderungen, die der Beruf mit sich bringt, eingegangen.

3.2 Berufliche Anforderungen

Das Kapitel berufliche Anforderungen bezieht sich auf die Faktoren Mobilität, Entgrenzung, Flexibilität, körperliche Belastungen und Gesundheit. Die Anforderungen Mobilität, Entgrenzung und Flexibilität sind zusammen angeführt, da sie im Falle der Berufsgruppe der Linienpiloten unwillkürlich zusammenwirken. Wie bereits erwähnt, sind hierfür die Streckennetze und Flugdienstzeiten entscheidende Faktoren.

Zu den Anforderungen zählen unter anderem das Verstehen von komplexen Zusammenhängen und die Verarbeitung der Informationen. Dazu gehören Problemlösungsansätze und die Fähigkeit, Entscheidungen schnell zu treffen. Dies erfordert die Fähigkeit, Situationen und Risiken einzuschätzen, eine genaue Planung und einen Überblick zu haben (vgl. Steininger 2000, S.29). Voraussetzung dafür ist die Pflicht der Besatzung, den Flugkapitän über jede Störung, Fehlfunktion, Defekte, Zwischenfälle, etc. zu unterrichten, da der Flugkapitän vom Betreten bis zum Verlassen des Flugzeuges für die Sicherheit der Passagiere, der Crewmitglieder und der Fracht verantwortlich ist (JAR-OPS 1, 2005 1-B-4f). Das Fliegen mit den modernen Hochleistungsflugzeugen fordert von der Crew auf psychischer und physischer Ebene Höchstleitungen. Für einen gesunden und durchschnittlich trainierten Menschen stellen sie keine großen Probleme dar. Allerdings können sie bei Abweichungen zu Risikofaktoren werden. Zum Beispiel bei Übergewicht, Bewegungsmangel, Nikotin- oder Alkoholkonsum oder zu reichhaltigem Essen (vgl. Pongratz 2002, S.12-1). Die fliegerische Tätigkeit ist eine nicht körperliche Arbeit und ein Komplex von kognitiven, psychosozialen, psychomotorischen, motivationalen, gedächtnisbasierten und sensorisch-perzeptiven Vorgängen (vgl. Pongratz 2002, S.17-1). Damit ein Pilot die Anforderungen erfüllen kann, muss er nicht nur gesundheitlich in einer guten Verfassung sein, sondern er muss auch lernen, Sinneseindrücke zu erkennen und zu interpretieren, Zusammenhänge zwischen Inhalten verstehen, die manuellen Verfahren beherrschen sowie die persönlichen Fähigkeiten erkennen und erweitern bzw. lernen, mit Herausforderungen in den verschiedenen Situationen umgehen zu können (vgl. Steininger 2000, S.41). Die Details dazu folgen in den anschließenden beiden Abschnitten.

3.2.1 Mobilität, Entgrenzung und Flexibilität – Work-Life-Balance

Die Bedeutung von Arbeit oder die damit verbundene Karriere, Produktivität, zeitlich bedingte Gegebenheiten, etc. sind wandelbar. Sie sind meist geknüpft an die jeweilige Gesellschaftsstruktur. Bernd Marin spricht von einer „digitalen Netzwerk-Gesellschaft" und einem „High-Flexibility-Management". Daher sind Flexibilität, Entgrenzung und Mobilität wichtiges Humankapital geworden (vgl. Marin 1998, S.463). Wenn man die historische Entwicklung der Entgrenzung betrachtet, dann kann man feststellen, dass sie im Gegensatz zu früher, heute fast in allen Bereichen des menschlichen Lebens vorkommt. Durch die Vermischung von Politik und Ökonomie wird dieser Prozess gefördert. So war im 17. Jahrhundert in Europa das Gemeinwohl von Bedeutung, während im 21. Jahrhundert das Individuum im Fokus steht. Auch die Ökonomie zielt auf die Bedürfnisbefriedigung des Einzelnen, daher wird auch die Reproduktionsindustrie dahingehend gesteuert (vgl. Gerschlager 1993, S.249).

Die gesellschaftliche Rolle der Ökonomie dient der Vermehrung von Besitztümern und Reichtum. Diese Zusammenhänge lassen sich mit den aktuellen Zuständen in den westlichen Industriegesellschaften vergleichen. (vgl. Gerschlager 1993, S.269f). Auf diese Weise konnte sich der Kapitalismus problemlos entwickeln, da er als Lösung zur Vermeidung eines drohenden gesellschaftlichen Zusammenbruchs erachtet wurde. Eine freie Entfaltung jedes Einzelnen wurde möglich, zum Beispiel durch eine Sicherung des

Friedens mittels ökonomischer Maßnahmen (vgl. Gerschlager 1993, S.258f). Seit Mitte der 1970er-Jahre haben sich die Beschäftigungsökonomien auf erstaunliche Weise gewandelt. „Noch nie seit 1933 gab es so viele Arbeitslose – und gleichzeitig so viele Menschen in bezahlter Arbeit" (Marin 1998, S.463). Neben hoher Arbeitslosigkeit existieren noch sogenannte Hochleistungsgesellschaften und bezahlte Inaktivität. Diese bezahlten inaktiven Personen (zum Beispiel durch Krankenstände etc.) verursachen wesentlich höhere Kosten als die arbeitslosen Inaktiven oder jene, die im Non-profit-Sektor tätig sind. Seit den 1980er-Jahren hat sich auch die sogenannte Hauptarbeitsform von der Vollzeitbeschäftigung zur Teilzeitbeschäftigung gewandelt. Zudem werden auch irreguläre Arbeitsformen zu den vorherrschenden Anstellungsverhältnissen in den westeuropäischen Ländern als gängig dazu gezählt. Außerdem steigt die Beschäftigungsexpansion (vgl. Marin 1998, S.463). Mit der Zunahme der virtuellen Arbeitsnetzwerke wird die Raum-Zeitbegrenzung außer Kraft gesetzt, da virtuelle Treffen von Mitarbeitern und Mitarbeiterinnen verschiedener Unternehmen bzw. Abteilungen im elektronischen Raum stattfinden. Die „Sofort-Kommunikation" und virtuelle Büros erleichtern die internationale Zusammenarbeit. Im Speziellen profitieren die Medien- und Finanzmärkte von diesen virtuellen Transaktionen. Diese Märkte sind auch Pioniere im Bereich der „Hyper-Produktivität". Darunter versteht man den maximalen Warenfluss mit geringem Zeit- und Kostenaufwand (vgl. Marin 1998, S.464).

„Auch das Wort Mobilität, das ein Begriff des 20. Jahrhunderts ist, scheint biegsam zu sein, umfasst es doch die verschiedensten Möglichkeiten – den Wechsel zwischen Positionen innerhalb eines Systems: von Ort zu Ort, sozialer Schicht zu sozialer Schicht, von Arbeitsplatz zu Arbeitsplatz, vertikal und horizontal. Festgelegter erscheint es in der Verkehrswissenschaft, die unter Mobilität die Zahl der außer Haus zurückgelegten Wege versteht." (Zschoke 2005, S.21).

Eine Untersuchung von Schneider (2004) belegt, dass 67 Prozent aller Personen in Deutschland mit einem von Mobilität geprägten Leben zu Recht kommen müssen. Daher leiden viele unter verschiedenen Formen von Stress. Gründe dafür sind Belastungen durch Beruf, Familie bzw. Partnerschaft und eventuell geringe soziale Kontakte (vgl. Seiffge-Krenke 2009, S.214).

Flexibilität ist keine Ausnahme mehr. Vor allem im Dienstleistungssektor ist sie hinsichtlich der Arbeitszeit und der Produktionshandhabungen schon Standard (vgl. Marin 1998, S.464). Die Flexibilität soll Menschen ermöglichen, trotz verkürzter Arbeitsstunden, finanziell und sozial abgesichert zu sein. Die Unternehmen müssen durch die Flexibilisierung der Betriebs- und Öffnungszeiten keine wirtschaftlichen Einbußen befürchten. Als Vorbilder dafür können Länder wie Holland und Schweden gesehen werden. Auf diese Weise lassen sich auch Berufs- und Familienleben besser vereinbaren, da die einseitige Betriebswirtschaft aufgelockert wird. Trotz solcher Möglichkeiten ist die Vereinbarkeit von unternehmerischen Hinderungen und individueller Unabhängigkeit nicht einfach und mit Spannungen verbunden. Daher haben die Sozialpartner den Auftrag, eine möglichst gute und individuelle soziale Absicherung zu Stande zu bringen, die zugleich betriebsrelevante Arbeitsprozesse nicht beeinträchtigen. Eine Möglichkeit wäre die betriebliche Flexibilität mit der Arbeitnehmerflexibilität abzutauschen, um so mehr Familienfreundlichkeit in das Unternehmen zu bringen. Zudem wäre eine weitere Überlegung die Lebensarbeitszeit zu verringern, um menschwürdige und nachhaltigere Lebens- und Arbeitsqualität zu schaffen (vgl. Marin 1998, S.465). In vielen zukünftigen Unternehmen wird ein völlig flexibler und autarker Arbeitsprozess vonnöten sein, um rund um die Uhr produzieren oder Dienstleistungen anbieten zu können. Das heißt nicht, dass die einzelnen Arbeiter und Arbeiterinnen mehr Stunden arbeiten müssen, sondern in Form von Wechseldiensten oder Schichtbetrieb bzw. Turnusdienst arbeiten werden. Dadurch können individuell und kundenorientierte Dienstleistungen oder Produktionen gestaltet werden, ohne größere Nachteile für Arbeitnehmer und Arbeitnehmerinnen. Diese Betriebsformen existieren bereits auf Flughäfen oder in Krankenhäusern (vgl. Marin 1998, S.466). Des Weiteren ist die räumliche Trennung von einem fixen Arbeitsplatz im Unternehmen unter Berücksichtigung festgelegter Arbeitszeit ebenfalls ein Vorteil für Betriebe. Sie sparen Kosten durch geringere Arbeitsanfahrtszeiten oder Büromieten infolge von Heimarbeit. Zudem ist bei solchen Arbeitsformen ein Rückgang an Krankenständen erkennbar. Durch den zunehmenden Ausbau des virtuellen Datenvolumens und der Kommunikationsmöglichkeiten lassen sich Handlungs- und Gestaltungsprozesse leichter umsetzen (vgl. Marin 1998, S.467f).

Die Flexibilisierung in der Arbeitswelt, speziell hinsichtlich der Arbeitszeit, der Betriebs- und der Öffnungszeiten, unterliegt einer sogenannten vollständigen Entkoppelung (vgl. Marin 1998, S.465).

„Weitgehende Flexibilisierung der Arbeitszeit und Arbeitsorganisation ist, im Gegensatz zu einer vollen ‚Flexibilisierung‘ (Deregulierung und individuellen Kontraktualisierung) der Beschäftigungsverhältnisse durchaus wünschenswert auch für ArbeitnehmerInnen, sofern im Gegenteil im Gegenzug höhere Beschäftigungssicherheit und Ertragsbeteiligung an den Vorteilen der Produktivitätssteigerung vereinbart werden.“ (Marin 1998, S.464).

Im Falle einer Veränderung des Dienstortes wurde beinahe immer davon ausgegangen, dass die Mobilität individuell aufzufassen sei. Das heißt, die Familie zieht mit, wenn der Vater einen neuen Dienstort hat. Im Falle des Piloten eine neue „Basis“ (Dienststelle), von wo aus er seinen Dienst beginnt. Dies führt eventuell zu einem Berufsverzicht der Frau oder zu einer Fernbeziehung. Diese sollten durch partnerschaftsorientierte bzw. familienorientierte Beschäftigungsmodelle seitens des Unternehmens gemindert werden (Beck 2003, S.127 zit. n. Minges 2010, S.26). Durch die zunehmende Flexibilisierung der Arbeitszeit und die berufliche Mobilität, lassen sich neue Möglichkeiten für die Vereinbarkeit von Familie und Berufsleben schaffen. Dies wird unter „Work-Life-Balance“ zusammengefasst. Die Untersuchung des Marktforschungsinstituts Vocatus zur Work-Life-Balance in 24 Ländern hat erbracht, dass sie bei zwei Dritteln der Befragten als negativ wahrgenommen wird. Die genannten Ursachen sind eine hohe Arbeitsbelastung bei gleichzeitiger nicht zufrieden stellender Entlohnung. Work-Life-Balance trägt auch zur Arbeitsqualität bei. Das heißt, je schlechter sie empfunden wird, desto unzufriedener ist man mit der beruflichen Tätigkeit. Beeinflusst wird dies nicht unbedingt nur von der Bezahlung, sondern auch davon, ob die Tätigkeit als interessant eingeschätzt wird (vgl. Häußler 2008, S.42). Da Aktivitäten außerhalb des beruflichen Kontextes ebenfalls als Arbeit verstanden werden können, ist das Thema auf Work-Domain-Balance zu erweitern, denn jeder Mensch hat in seinen unterschiedlichen Lebensphasen auch unterschiedliche Bedürfnisse. Zu dieser Erkenntnis kamen die ExpertInnen einer zweistufigen Delphi-Befragung zum Thema Work-Life-Balance und Unternehmensberatung. Ihre Maßnahmen werden auch aus betriebswirtschaftlicher Sicht als sinnvoller erachtet, da sie die MitarbeiterInnenzufriedenheit und Arbeitsattraktivität berücksichtigen (vgl. Kaiser 2008, S.57f). Im amerikanischen Forschungsdiskurs wird Work-Life-Balance synonym mit dem Thema Work-Family-Balance geführt. Auch wenn diese Begriffsverwendung als eine explizite Trennung zwischen Arbeit und Familie gesehen werden kann, so sei festgehalten, dass der Begriff den Aspekt des ganzheitlichen „Life" sowie den Aspekt der Selbstverwirklichung umfasst. Daher ist auch die vorhin beschriebene Weiterentwicklung des Themas zur Work-Domain-Balance eher zutreffend. Diese Sichtweise lässt sich aber noch erweitern durch die Betrachtung anderer privater Lebensbereiche außerhalb der Familie, wie zum Beispiel Stressprävention und persönlicher Freiraum. An diesem Punkt ist auch festzuhalten, dass Familie und Arbeit nicht unbedingt als Gegensätze zu betrachten sind, sondern vielmehr als zwei sich ergänzende Einheiten (vgl. Pillris 2011, S.7f), dadurch hat Work-Life-Balance für diese Arbeit eine große Bedeutung und wird im Sinne folgender Definition:

> *„Work-Life-Balance bedeutet eine neue, intelligente Verzahnung von Arbeits- und Privatleben vor dem Hintergrund einer veränderten und sich dynamisch verändernden Arbeits- und Lebenswelt."* (BMfFSFJ 2005, S.4).

Für die Familie bedeuten diese Veränderungen allerdings nicht nur positive Wandlungen, sondern stellen sie vor große Herausforderungen. Es erfordert große Flexibilität und Anstrengungen, damit jedes Familienmitglied zur gemeinsamen Lebensführung beitragen kann. Denn speziell diese familiäre Lebensführung leidet unter den Anforderungen der Entgrenzung. Allerdings ist durch die entstehende Zeitknappheit die Familie oft „nur" ein Lückenfüller. Dazu kommt es durch lange oder unvorhersehbare Arbeitszeiten. Aufgrund der Flexibilisierung der Arbeitszeit ändern sich oft täglich die Arbeitsstunden, und die Arbeitsansätze werden kurzfristig verlängert, somit ist Planung und Organisation im Vorfeld meist nicht möglich. Dadurch haben die Familienmitglieder häufig Probleme, ihre Zeiten aufeinander abzustimmen. Für gemeinsame Zeit bzw. Freizeit bleibt sehr wenig Spielraum. Zur zeitlichen Entgrenzung kommt meist auch eine räumliche Entgrenzung wie zum Beispiel beim Linienpiloten hinzu. Es können auch lange Anfahrtswege oder Fernpendeln etc. dazukommen. Diese Belastungen des Erwerbslebens wirken sich so auf das Familienleben aus (vgl. Jurczyk 2008, o.S.).

„Entgrenzung umschreibt die zunehmende Brüchigkeit bis dahin sicherer (oder zumindest für sicher gehaltener) struktureller Ab- und Be- Grenzungen von Sphären der Gesellschaft und des persönlichen Lebens. Sie beleuchtet Aspekte des forcierten Wandels von westlichen Industrie- zu Wissens- und Dienstleistungsgesellschaften." (Jurczyk 2008, o.S.).

Das Privatleben eines Piloten sollte als entlastender Faktor fungieren, der Anerkennung, Geborgenheit, Wertschätzung etc. fördert. Da es hinsichtlich des Familienstands, der Partnerschaft, der Haushaltsorganisation, etc. sehr individuell gestaltet wird, stellt es in Kombination mit dem Berufsleben häufig eine Herausforderung dar, da der Beruf weitreichend in das Privatleben eingreift und dadurch planerische Leistungen erfordert oder unmöglich macht. Diese Angaben machten auch die InterviewpartnerInnen. Zum Beispiel greift der Arbeitgeber in die Raum-Zeit-Bestimmung mittels Personaleinsatz ein, das hat auch Auswirkungen auf die körperliche Gesundheit. Als mögliche Ressource stehen dem gegenüber Vorteile wie ein höheres Einkommen, ein höherer Status und Reisemöglichkeiten etc. (vgl. Huchler 2013, S.54f).

„Die ‚doppelte Entgrenzung' führt zu Zeit-, Energie- und Aufmerksamkeitskonkurrenzen, die eine aktive Beteiligung der einzelnen am Familienleben erschweren." (Jurczyk 2008, o.S.).

Mobilität kann auch als positive Herausforderung gesehen werden, wenn man sie als Freiheit wahrnimmt. Vorausgesetzt man kann auch mit ihr umgehen. Denn die Veränderung führt auch zu Neuerungen. Probleme gibt es eher mit dem sozialen Umfeld des Piloten. Eine solche Streuung und der Wechsel zwischen den Reisezielen im Luftverkehr führt häufig zur Auflösung von sozialer Lokalisierung, die bis hin zu einer Art Wurzellosigkeit und Unruhe führen kann (vgl. Zschoke 2005, S.21f). Das gemeinsame Familienleben kann nur gelebt werden, wenn aktiv von allen Familienmitgliedern daran gearbeitet wird. Der stressbeladene Arbeitsalltag wirkt dadurch auch oft auf das Familienleben zurück. Die persönlichen Beziehungen leiden darunter, vor allem, wenn die Vereinbarkeit von Beruf und Familienleben kaum möglich ist. Diese Doppelbelastung betrifft Männer und Frauen gleichermaßen. Obwohl sie sich mehr Zeit für die Familie wünschen, lässt sich das nicht immer durch die doppelte Entgrenzung ermöglichen. Berücksichtigt sollte aber werden, dass sich ein zufriedenstellendes Familienleben auch positiv auf die Arbeitsmotivation und das Arbeitsengagement auswirkt. Diese Annahme kann auch in umgekehrter Weise getroffen werden. Langfristig betrachtet wirkt sich fehlendes Wohlbefinden der Eltern negativ auf die Wirtschaft und Gesellschaft aus. Daher ist eine glückliche Familie eine sehr bedeutsame soziale Ressource, die eine positive Wirkung und Stabilität ausübt (vgl. Jurczyk 2008, o.S.). Die Mobilität aufgrund der Streckennetze und Personaleinsatzkonzepte ist ein typisches Charakteristikum der Arbeit von Piloten. Huchler (2009) unterscheidet bei der Mobilität zwischen situativ-arbeitsbezogener, alltagsorganisatorischer und einer biografisch-individuellen. In der

Regel haben Piloten unregelmäßige Dienstzeiten inklusive Nacht- und Wochenend-
dienst (vgl. Schwahn 2001, zit. n. Huchler 2013, S.58). Meist werden am Ende des
Monats für den nächsten Monat die Einsatzzeiten bekannt gegeben. Das führt zu einer
begrenzten Planbarkeit des Privat- bzw. Familienlebens. Es gibt allerdings die Möglichkeit, sich Tage frei zu halten in Form sogenannter „Off-Tage", das sind Tage, die man
sich beim „Request" (eigene bevorzugte Vorabplanung innerhalb eines vorgegebenen
Gestaltungsspielraums) individuell setzen kann. In der Regel werden diese auch von der
Einsatzplanung berücksichtigt. Ebenfalls beachtet werden die gesetzlich vorgeschriebenen Ruhezeiten nach jedem Einsatz bzw. den Einsätzen. Dies bietet eine gewisse Planungssicherheit. Natürlich ist der Urlaub ebenfalls ein Stabilitätskriterium. Die plane-
rischen Gestaltungsspielräume sind je nach Fluggesellschaft verschieden. Dies ist auch
ein nicht außer Acht zu lassender Faktor, wenn es um die Arbeitszufriedenheit geht (vgl.
Huchler 2013, S.58f).

3.3 Vereinbarkeit von Privat- und Berufsleben

Im vorherigen Abschnitt wurde bereits ausgeführt, dass die beruflichen Anforderungen
oft mit den privaten Gegebenheiten kollidieren, so zum Beispiel bei Nachtflugdienst,
der eine Ruhephase am Tag erfordert. Dieses Kapitel beinhaltet die Veränderungen in
der heutigen Arbeitswelt, deren Gegebenheiten in der Fliegerei schon immer normal
waren. Der gemeinsame familiäre Alltag verläuft anders wenn der Pilot zu Hause ist, als
wenn er abwesend ist. Daraus folgt, dass diese Familie verschiedene Alltagsmuster miteinander kombinieren muss. Während die Partnerin zu Hause mit den Anforderungen
ihrer Aufgaben alleine zu Recht kommen und diese koordinieren muss, ist der Pilot mit
der Bewältigung der Anforderungen in seiner mobilen Welt konfrontiert. Als zusätzliche
emotionale Belastung kann die Abwesenheit von der Familie empfunden werden (vgl.
Kessling/Vogl 2010 zit. n. Monz 2012, o.S.).

    Aus diesem Grund ist eine Arbeitsteilung im klassischen Sinn für diese Berufsgruppe
eine große Herausforderung, vor allem wenn es um die Koordinierung von Beruf und
Familie geht. Ein Problem ist das bereits erwähnte Entgrenzungsphänomen. Dieses
Phänomen weitet sich heute zunehmend in der gesamten Arbeitswelt aus und verändert
sie grundlegend. Dadurch ändern sich auch in vielen Familien der gewohnte Alltags-
rhythmus und die Arbeitsteilung. (vgl. Jurczyk 2008, o.S.). Mangelnde Zeit für die
Partnerschaft und die Familie sind Begleiterscheinungen eines mobilen Berufs. Durch
die wenige gemeinsame Zeit können sich Entfremdungstendenzen entwickeln. Auf der
anderen Seite kann die geringe Zeit auch förderlich auf die Beziehung wirken, da sie
positiv intensiver wahrgenommen wird und kleine Konflikte eher in den Hintergrund
rücken (vgl. Schneider/Limmer/Ruckdeschel 2002, S.171). Andere Nachteile sind Eifersucht und Einsamkeitsgefühle, die Bindungen beeinträchtigen und erschweren. Häufige
Ursachen sind mangelndes gegenseitiges Verständnis für die Partnerin bzw. Partner und
deren jeweiligen Situation. Außerdem entsteht möglicherweise im Familiengefüge das

Gefühl, nicht ein Teil davon zu sein und der Verlust der Legitimation, sich an der Erziehung des Kindes bzw. der Kinder zu beteiligen. Bei der Partnerin kann dadurch der Eindruck entstehen, dass sie im Grunde eine Alleinerzieherin ist und keine Unterstützung durch den Partner hat. Man darf aber nicht vergessen, dass Piloten im Grunde zwei Leben führen. Ein Beziehungsalltag kann bei dieser Lebensform nicht in herkömmlicher Form gelebt werden. Auch die wahrgenommenen Belastungen divergieren. So hat die Partnerin zu Hause eher die Herausforderungen in den Bereichen Haushalt, Erziehung der Kinder und eventuell der Erwerbstätigkeit vor Augen, während der Pilot seine beruflichen Herausforderungen und die Heimfahrt als Stressoren wahrnimmt, die zu bewältigen sind. Auch wenn von beiden PartnerInnen, die eigenen Probleme als die größeren wahrgenommen werden, sollte objektiv berücksichtigt werden, dass es für keinen von beiden einfach ist, die Situation zu meistern. Ein gemeinsames Leben erfordert somit von beiden PartnerInnen Toleranz und Verständnis. Wenn ein Paar vor der Familiengründung die Herausforderungen bereits kennt, sollte es sich überlegen, ob es Kinder haben möchte und welche weiteren Herausforderungen noch zu den bestehenden hinzukommen bzw. ob diese bewältigt werden können (vgl. Schneider/Limmer/Ruckdeschel 2002, S.154f).

Die Präsenz des Vaters in seiner Familie ist abhängig von dem zeitlichen Kontingent seiner Berufstätigkeit. Aber auch die Rolle der Mutter ist entscheidend, speziell wenn sie bestimmt, was der Vater tun darf oder nicht oder welche Aufgaben er wie zu erledigen hat. Dies wird unter dem Begriff des „Maternal Gatekeeping" zusammengefasst. Das väterliche Engagement ist aber auch von seiner persönlichen Einstellung, Orientierung oder Lebensplanung sowie vom Kind selbst abhängig (vgl. Fthenakis/Kalicki/Peitz 2002, S.105ff), da sich die Familie unregelmäßig und oftmals nur wenige Tage am Stück sieht. Infolge dessen, dass der Pilot zwischen seinen Arbeitstagen oft nur wenige Tage frei hat, steigt der Zeit- und Erwartungsdruck, der häufig zu sozialer und emotionaler Überlastung führt und so mit Enttäuschung und Frustration endet. Es besteht auch nur wenig Möglichkeit für Spontaneität, da die verfügbare Zeit genau geplant, eingeteilt und koordiniert werden muss, vor allem wenn beide Elternteile arbeiten (vgl. Ducki/Meier 2001, S.30). Schneider (2001) unterscheidet zwischen sechs Dimensionen, die sich auf berufsmobile Personen belastend auswirken:

- „Beeinträchtigung der psychischen und körperlichen Befindlichkeit;
- direkte Belastungen durch die tägliche oder wöchentliche Verkehrsmobilität;
- Zeitmangel;
- sozialer Kontaktverlust,
- finanzielle Belastungen;
- Entfremdung von Partner und Familie" (Schneider 2001, S.38).

Schneider nennt auch vier Vorteile, die Mobilität mit sich bringen kann:
- „Individuelle Autonomie
- positive Folgen für die Persönlichkeitsentwicklung
- Beziehungsqualität sowie
- die Attraktivität des Arbeitsplatzes" (Schneider 2001, S.38).

Auch Männer fühlen immer einen Konflikt zwischen Beruf und Familie, vor allem wenn sie zahlreiche Verpflichtungen haben. Sie empfinden oftmals das Streben nach Balance als stressreich. Bei Vätern zeigt sich dieser Konflikt in erster Linie bei fehlenden Ressourcen und dem Wertewandel in der Gesellschaft. Väter möchten mehr am Leben ihrer Kinder teilhaben, viel Zeit mit ihnen verbringen. Ihre Karriere wollen sie dabei aber auch nicht vernachlässigen (vgl. Levine/Pittinsky 2002, S.111f). Private Ereignisse und Entscheidungen nehmen möglicherweise einen Einfluss auf das berufliche Leben. Ob und inwieweit dies geschieht, ist abhängig davon, welcher Lebensbereich als vorrangig erachtet wird (vgl. Schneider/Limmer/Ruckdeschel 2002, S.154). Die zeitliche Flexibilität und die räumliche Mobilität erschweren partnerschaftliche Bindungen und Familiengründung, da ein dauerhafter Wohnsitz, Freundschaften pflegen, etc. immer vom Dienstplan bestimmt werden. Dadurch wird das soziale Leben häufig auf die Crewmitglieder und nahen Angehörigen reduziert. Piloten fordern meist Rücksichtnahme von ihrem privaten sozialen Umfeld, und das kann zu Konflikten zwischen Partnern, Familienmitgliedern und Freunden führen (vgl. Huchler 2013, S.61). Der Organisationsaufwand, um das Familienleben mit der Arbeit zu koordinieren, ist enorm, vor allem, wenn Kinder beteiligt sind. In Zeiten der Abwesenheit des Mannes ist die Frau gefordert oder es wird mehr Unterstützung benötigt. Wenn beide arbeiten möchten, ist der Wechsel auf die Kurzstrecke eine Option, da man hierbei bei vielen Fluggesellschaften täglich nach Hause kommen kann (vgl. Eccard 2004, zit. n. Huchler 2013). Der Hauptanteil der Hausarbeit bleibt meist aber bei der Partnerin hängen (vgl. Schneider/Limmer/Ruckdeschel 2002, S.138). Ein Grund, weshalb Alltagsbelastungen einen negativen Einfluss haben, ist der chronische Zeit- und Kommunikationsmangel. Es mangelt oft auch an Zeit, um gemeinsame Erlebnisse auszutauschen oder intime Zweisamkeit zu erleben (vgl. Schneider/Limmer/Ruckdeschel 2002, S.132). Eine Möglichkeit dem Zeitmangel entgegenzuwirken, ist beispielsweise ein Teilzeitmodell auf der Langstrecke. Das umfasst eine kurze Abwesenheit pro Monat und ermöglicht eine einfachere Kinderbetreuung innerhalb der Familie. Dies ist jedoch ebenfalls abhängig vom jeweiligen Requestsystem. Zu weiteren Herausforderungen werden private Sondertermine oder Geburtstage, Feiertage wie Ostern und Weihnachten gezählt. Speziell wenn es um das eigene Kind bzw. die eigenen Kinder geht, kann es belastend sein, wenn man ein bedeutsames Ereignis verpasst (vgl. Huchler 2013, S.59f). Auffällig ist auch bei der Betrachtung von Paaren der Umstand, dass bei Berufstätigkeit beider Elternteile, meist die Frau einer Teilzeitarbeit nachgeht. Eine Erleichterung würde der Ausbau von Kinderbetreuungseinrichtungen für diese Familien bedeuten. Aber auch familienfreundliche Arbeitszeitmodelle und eine Neuorientierung hinsichtlich der eigenen Situation und Rolle würden positiv wirken und die familiären Entwicklungsprozesse unterstützen (vgl. Keller/Haustein 2012, S.874f).

Viele Männer haben auch Angst, sich in diesem inneren Konflikt, zwischen beruflichem und privatem Engagement zu verlaufen. Oft ist auch das Umfeld nicht bereit darüber zu diskutieren. Das trifft sowohl auf die Partnerin, die Herkunftsfamilie, wie auch auf den Arbeitsplatz zu. Da wird beispielsweise das Engagement von Männern in

Unternehmen eher in Frage gestellt, wenn diese ihre familiären Pflichten erwähnen. Andererseits wird es als äußerst positiv bewertet, wenn ein Mann Fotos von seiner Familie am Arbeitsplatz aufgestellt hat (vgl. Levine/Pittinsky 2002, S.113f).

Ein bedeutender Einflussfaktor sind auch die Medien. Anfangs thematisierten sie fast als eine Ikone die erwerbstätige Frau, die nebenbei problemlos die Familie organisiert. Mittlerweile hat sich dies aber gewandelt, und der berufstätige Vater rückt in den Fokus. Dennoch werden nur wenige prominente Beispiele von Männern gezeigt, die tatsächlich Führungspositionen bekleiden und öffentlich zugeben, Zeit mit ihrer Familie verbringen zu wollen. Das wird sich wahrscheinlich nur schrittweise zum Positiven ändern (vgl. Levine/Pittinsky 2002, S.114f).

Hätten Männer bzw. Väter aus juristischer und betriebswirtschaftlicher Sicht mehr Wahlmöglichkeiten, dann würden nicht nur die Kinder von ihrem Vater profitieren, sondern auch die Unternehmen könnten den männlichen und weiblichen Erwerbstätigen hinsichtlich der Vereinbarkeit von Familie und Beruf entgegenkommen, und das würde möglicherweise auch eine positive Wirkung auf die Arbeitseinstellung mit sich bringen wie zum Beispiel weniger Fehlzeiten, höhere Arbeitsmotivation und damit auch bessere Leistungen. Hinsichtlich der Situation von Vätern zeigt sich, dass sie in der Lage sind, vielfältige Aufgaben zu koordinieren und zu kommunizieren, so dass sie dadurch maßgeblich zum Unternehmenserfolg beitragen (vgl. Levine/Pittinsky 2002, S.115).

Die amerikanischen Psychologinnen Maureen Perry-Jenkins und Ann C. Crouter (1990) stellten fest, dass die Behandlung, die Väter am Arbeitsplatz erleben, einen wesentlichen Einfluss auf das Erziehungsverhalten ihrem Kind gegenüber hat. Außerdem wurde in anderen Studien zu diesem Thema erhoben, dass die Berufszufriedenheit mit der Qualität der Interaktion zwischen Vater und Kind korreliert. In weiterer Folge profitiert aber auch die Partnerin von diesen positiven Veränderungen, zum Beispiel beteiligt sich der Vater intensiver an den familiären Aufgaben. Zu beachten ist auch, dass Väter die familienfreundlichen Angebote in ihrem Betrieb annehmen, denn nur wenn diese offenbar häufig von vielen Männern genutzt werden, werden sie auch zum Standard und bleiben keine Ausnahme. Zudem soll sich nach den Ergebnissen des U.S. National Institutes of Mental Health die intensive Familienzeit positiv auf die Gesundheit des Mannes auswirken (vgl. Levine/Pittinsky 2002, S.116f).

Positive Rückmeldungen bzw. Resonanzen über die Lebensform der Piloten und den Umgang mit den Herausforderungen der Mobilität, Entgrenzung und Flexibilität kommen eher von Personen, die dieselbe Lebensform teilen. Die Reaktionen von außenstehenden Menschen sind eher kritisch und negativ, da ihre Wahrnehmung an ihrer traditionellen Lebensform Maß nimmt (vgl. Schneider/Limmer/Ruckdeschel 2002, S.125). Eine solche Verständnislosigkeit kann zu Konflikten im sozialen Umfeld führen. Die Entscheidung ein mobiles Leben mit Familie weiter zu führen, ist eine bewusste und meist dauerhafte (vgl. Schneider/Limmer/Ruckdeschel 2002, S.110).

Dies war eine kurze theoretische Ausführung der Herausforderungen, mit denen Paare, die Kinder haben, konfrontiert sind, gesehen unter dem spezifischen Blickwinkel der Berufstätigkeit des Mannes. Der Grund für diese Auseinandersetzung ist der, dass sich dieses Thema durch die gesamte vorliegende Arbeit zieht. Es sind einerseits dazu Verweise in den einzelnen theoretischen Kapiteln zu finden, andererseits auch detaillierte Angaben im empirischen Teil dieser Arbeit, also in der Auswertung der Ergebnisse der Interview- und Fragebogenuntersuchungen.

4 Stress

Der Physiker Robert Hooke prägte im 17. Jahrhundert den Begriff Stress. Ursprünglich kommt er aus der Mechanik und beschreibt den Prozess einer Kraft innerhalb eines Festkörpers, die durch die Einwirkung einer externen Kraft ausgelöst wird (vgl. Faltermaier 2005, S.74f). Heute wird der Begriff Stress umgangssprachlich als Benennung für eine Belastungssituation verwendet (vgl. Nitsche 1981, S.29). Allgemein betrachtet lässt sich sagen, dass Stress erst entsteht, wenn die Anforderungen für eine Person höher sind, als ihre verfügbaren Ressourcen, die zur Bewältigung notwendig sind. Er ist aber nicht zwangsläufig ein negatives Phänomen, sondern in einem gewissen Ausmaß notwendig für das Leben (vgl. Beyer/Lohaus 2007, S.11). Ein Stresserleben kann in jenen Situationen sehr intensiv sein, in denen es für ein Individuum subjektiv bedeutsam ist. Zum Beispiel, wenn jemand erfolgreich in der Arbeit sein will oder jemandes individuelle Ziele sowie Motive bedroht werden, wird die Situation von ihrer Kontrollierbarkeit beeinflusst, das heißt, eine subjektive Bewertung kann zur Kontrolle der Situation führen oder nicht. Anforderungen und Stresssituationen können bewältigt werden, wenn ein Bewusstsein über die Fähigkeit der Bewältigung dominiert (vgl. Bertholdt/Schütz 2010, S.27). In den Industrieländern sind viele Menschen mit dem Zustand des Stresses zugleich im Berufs- als auch im Privatleben konfrontiert, dennoch müssen auch bei großem Stress keine gesundheitlichen Beeinträchtigungen auftreten, solange nach der Phase der Anstrengung wieder Phasen der Erholung eingehalten werden. Auf diese Weise kann eine Balance zwischen Stress und Erholung entstehen, welche im Idealfall das menschliche Leben positiv beeinflusst. Nimmt jedoch die Phase der Belastungen, ohne entsprechende Erholung immer mehr zu, kann es zu Handlungsunfähigkeit kommen. Dies führt in weiterer Folge jedoch zu gesundheitlichen Schäden (vgl. Paletta 1996, S.3ff).

Stress kann im Leben nicht vermieden werden, da schon das Leben selbst Anforderungen stellt, um die lebenserhaltende Energie aufrecht zu erhalten, wie die Funktionen von Herz, Atmung und Verdauung. Es gibt viele Arten von Stress, wie Flugstress, Misserfolgsstress, Schlafentzugsstress, emotionalen Stress etc. (vgl. Selye 1981, S.171).

Es befassen sich unterschiedliche wissenschaftliche Disziplinen mit dem Begriff Stress, deshalb gibt es auch unterschiedliche Sichtweisen. Wenn man zum Beispiel den von Hans Selye (1981) bezeichneten Eustress in Anlehnung an das transaktionale Stressmodell von Richard Lazarus (1995) betrachtet, kann er als Herausforderung gesehen werden, denn im Ansatz von Lazarus wird die kognitive Perspektive auf Ereignis und Reaktion betont, während bei Selye die physiologische Seite von Stress akzeptiert wird. (vgl. Bertholdt/Schütz 2010, S.25f). Auf die unterschiedlichen Stresstheorien wird im folgenden Kapitel näher eingegangen.

Es gibt somit aus wissenschaftlicher Sicht keine allgemein gültige Definition des Begriffes „Stress", da die damit gemeinten Begriffsinhalte nicht immer einheitlich sind. Es besteht jedoch eine Einigkeit darüber, dass es sich dabei um eine Organismus-Umwelt-Adaption handelt (vgl. Hampel/Petermann/Dickow 2001, S.10). Das heißt: *„Streß [!] ist mit Situationen verbunden, in denen sich ein Anpassungsproblem stellt, man also einen erreichten, aber gefährdeten Anpassungszustand verteidigt, sich in neue oder veränderte Umweltgegebenheiten anpassen, gegen Widerstände sein eigenes Leben gestalten muss"* (Nitsche 1981, S.40).

Zusammenfassend kann gesagt werden, dass Stress ein sich stetig wandelnder Prozess ist, der sich aufgrund von Erfahrungen, Ressourcen, Risiken, Erfolgen und unterschiedlichen Einschätzungen unterschiedlich äußert. Dadurch kann auch das Belastungsempfinden variieren bzw. beeinflusst werden (vgl. Eppel 2007, S.17f).

4.1 Stresstheorien und -konzepte

Das Stresskonzept wurde von zahlreichen ForscherInnen immer anderes ausgelegt daraus entwickelten sich drei Grundverständnisse:
- Stress ist der Reiz, der eine Störung verursacht, die Veränderungen hervorruft, auf welche eine Person in der Folge reagiert.
- Die Störungsreaktion selbst führt zu Stress.
- Stress kann aufgrund bestimmter Anpassungsprozesse zwischen einer Person und ihrer Umwelt auftreten.

Aber unabhängig ob Stress als Reiz oder Störung betrachtet wird, erfolgt die Analyse auf der sozialen, psychologischen und physiologischen Ebene. Da Stress ein dynamischer Prozess ist, kann er sowohl als Reiz als auch als Reaktion auftreten, beide lassen sich somit nicht ganz voneinander trennen (vgl. Lazarus/Launier 1981, S.220ff). Wichtig ist, dass zwischen Stressoren (Stressreizen) und Stressreaktionen unterschieden wird. Dabei muss berücksichtigt werden, dass bei den Formen von Stress (psychischer, physiologischer und psychosozialer) ebenfalls zwischen Reizen und Reaktionen unterschieden wird. Dies sind entweder psychologische, physiologische bzw. psychosoziale Einwirkungsarten oder Reaktionsweisen (vgl. Nitsche 1981, S.577). Derzeit wird in der Literatur zwischen drei Stressmodellen unterschieden: die reaktionsbezogene, die situationsbezogene und die interaktionistische Stresstheorie. Diese drei Konzepte werden im Anschluss näher beschrieben.

4.1.1 Reaktionsbezogene Stresstheorien

In den reaktionsbezogenen Stresstheorien geht es um die Reaktionsmuster einer Person bei Anforderungen, das heißt Stress ist ein bestimmtes Reaktionsmuster des menschlichen Organismus auf diverse Umweltanforderungen (vgl. Beyer/Lohaus 2007, S.20).

Im Speziellen geht es um jene psychologischen Merkmale, die zur Überbeanspruchung führen. Wenn die negativen Veränderungen anhalten, können sie zu körperlichen Erkrankungen führen (vgl. Eppel 2007, S.15f). Immer wenn eine Diskrepanz zwischen den Anforderungen und den Bewältigungskompetenzen entsteht, kommt es zu einem Spannungszustand. Die Ursache dafür kann nicht allein auf eine Person oder einen Umwelteinfluss zurückgeführt werden, sondern die Reaktion entsteht im Zusammenhang mit individuellen Kompetenzen bzw. Bedürfnissen sowie Anforderungen und Möglichkeiten. Stress wird nur vermieden, wenn all diese Faktoren im Gleichgewicht stehen (vgl. Bertholdt/Schütz 2010, S.25). Dabei muss berücksichtigt werden, dass Stress nicht immer ein negatives Phänomen ist, da es verschiedene Formen von Stress gibt, die entweder eine positive oder negative Wirkung haben (vgl. Wolfsohn 2011, S.4). Eine Stressfolge muss auch nicht unbedingt an sich negativ sein, die Bewältigung negativen Stresses fördert das Selbstvertrauen, was sich positiv auf die Bewältigung künftiger Stresssituationen auswirkt, daher sind Stressursachen und -reaktionen immer subjektiv zu betrachten (vgl. Bertholdt/Schütz 2010, S.25). Hans Selye (1981), bedeutendster Vertreter dieses Ansatzes, spricht von einem „Allgemeinen Adaptionssyndrom", das heißt durch die zeitliche Abfolge der Alarmreaktion des Stadiums des Widerstandes und einer Phase der Erschöpfung kommt es zu physiologischen Veränderungen (vgl. Jerusalem 1990, S.1). Es sind aber nicht nur negative Ereignisse, die zu Veränderungen im menschlichen Organismus führen, sondern auch positive Vorkommnisse. Der positive und erwünschte Stress wird als „Eustress" bezeichnet und der negative Stress als „Distress". Eustress wirkt anregend und belebend. Der Distress wirkt überfordernd. Es hängt von den personalen und sozialen Ressourcen ab, ob eine Person eine Situation als Eustress oder Distress erlebt (vgl. Selye 1981, S.171). Die begriffliche Unterteilung ist allerdings nicht eindeutig, da eine unmittelbare Stressreaktion aversiv ist und so nicht positiv sein kann (vgl. Bertholdt/Schütz 2010, S.21).

4.1.2 Situationsbezogene (reizorientierte) Stresstheorien

Die situationsbezogenen bzw. reizorientierten Stresstheorien beschreiben Stress als Ursache für Belastungen (Stressoren), die im menschlichen Organismus eine Störungsreaktion hervorrufen, das heißt bestimmte Situationen wirken belastend auf eine Person. Wenn sich diese häufen, kann die Belastung ein Risiko sein. Dabei stehen jene Situationen im Fokus, die große persönliche Anpassungsleistungen bzw. Umorientierung erfordern. Es kann sich dabei aber auch um Übergänge in neue Lebensabschnitte handeln. (vgl. Eppel 2007, S.16).

Bei Situationstypen können folgende mögliche Belastungsquellen wirken:

- Physische und physikalische Stressoren: Die grundlegenden physischen Bedürfnisse werden nicht erfüllt.
- Stressoren im sozialen Austausch: Die zwischenmenschlichen Beziehungen untergraben die psychischen Bedürfnisse, zum Beispiel durch fehlende Anerkennung oder Mangel an Möglichkeiten zur Selbstverwirklichung.

- Entwicklungsaufgaben und Übergänge in andere Lebensphasen: Sie sind oftmals große Veränderungen im Laufe der persönlichen Entwicklung, die durch bestimmte Erwartungen zu großen Aufgaben werden.
- Alltagsschwierigkeiten: Sie beziehen sich auf negative Erfahrungen wie Enttäuschungen, Ärger, bedrückende Erlebnisse etc. mit Menschen oder Situationen.
- Stress durch materielle und soziale Bedingungen des Arbeitsplatzes: Das sind konkrete Stressoren am Arbeitsplatz (vgl. Eppel 2007, S.28).

4.1.3 Interaktionistische (transaktionale) Stresstheorien

In diesen Modellen wird die Wechselwirkung zwischen einer Person und ihrer Umwelt fokussiert. Sie verbinden die rationsbezogenen und situationsbezogenen Stresstheorien miteinander. Richard Lazarus (1981) stützt sein Stressmodell auf die Annahme, dass die Entstehung von Stress auf subjektive Wahrnehmungs- und Beurteilungsprozesse zurückzuführen ist. Das heißt die wahrgenommenen Anforderungen sind höher als die subjektiven Möglichkeiten diese zu bewältigen, dadurch sind die kognitive Bewertung (cognitive appraisal) und die Bewältigung (coping) entscheidend für den Umgang mit dem Stressor (vgl. Lazarus/Launier 1981, S.233). Es handelt sich dabei um einen dynamischen Prozess, der sich zwischen den Anforderungen, Beziehungen und der Situation einer Person abspielt. Diese Person bewertet bewusst oder unbewusst, die an sie gestellten Anforderungen (vgl. Berthold/Schütz 2010, S.27). Dies vollzieht sich nach drei Stufen:

- Stufe 1 – **Primäre Bewertung:** Die Informationen aus dem sozialen Umfeld werden als irrelevante, günstige oder negative Ereignisse eingeordnet bzw. eingeschätzt (vgl. Lazarus/Launier 1981, S.238). Diese Bewertung ist entscheidend dafür, ob und wie sich die Situation auf das Wohlbefinden einer Person auswirkt bzw. welche Emotionen verstärkt wirken. Bei einer negativen Bewertung unterscheidet man zwischen Schädigung/Verlust, Bedrohung und Herausforderung (vgl. Lazarus/Launier 1981, S.233ff). Stress entsteht also erst dann, wenn die Person durch ihre Bewertung feststellt, dass diese Ansprüche ihre Anpassungsstrategien auslasten bzw. überschreiten und dadurch ihr Wohlbefinden aus dem Gleichgewicht bringen (vgl. Berthold/Schütz 2010, S.27). Eine Anpassungsleistung ist nur zu erbringen, wenn die Situation als negativ bewertet wird. Hingegen ist bei irrelevanten oder günstigen Zuordnungen davon auszugehen, dass man keine Anpassung vornehmen muss und keine Schädigung zu erwarten ist. Eine Situation wird dann als Herausforderung betrachtet, wenn sie bewältigbar ist, ungeachtet des möglichen Anstrengungspotentials (vgl. Berthold/Schütz 2010, S.27f).
- Stufe 2 – **Sekundäre Bewertung:** Die Bewältigungsmöglichkeiten werden ermittelt und die Bewältigungsfähigkeiten eingesetzt. Dabei ist zu berücksichtigen, welche Bewältigungsmaßnahmen gesetzt werden und zu welchem psychischen Stress dies bei einer Person führt bzw. führen kann (vgl. Lazarus/Launier 1981, S.238). Wird hierbei davon ausgegangen, dass die Möglichkeiten der Bewältigung vorhanden sind, entsteht

kein Stress. Als Bedrohung wird eine Herausforderung nur dann erachtet, wenn die Bewältigungsmöglichkeiten unzureichend vorhanden sind. Wenn aber von vornherein Klarheit über die sichere Bewältigung herrscht, wird die Situation in der Regel nicht als Bedrohung gesehen (vgl. Berthold/Schütz 2010, S.29).

• Stufe 3 – **Neubewertung:** Zu einer Neubewertung kommt es, wenn das Rückkopplungssystem präzisiert wurde. Das Bewertungskonzept wurde durch die individuelle Reaktion erweitert bzw. konkretisiert. Zudem wurde eine Reflexion durchgeführt, in der die Umwelt miteinbezogen wurde, sodass eine Neubewertung möglich war. Emotionale Stressreaktionen können sich regelmäßig ändern, da sie von der Umwelt beeinflusst werden bzw. sich Transaktionen ständig ändern, auch bei der Neubewertung kann es zu einer Rückkoppelung kommen, wodurch eine weitere Neubewertung erfolgt (vgl. Lazarus/Launier 1981, S.240f), somit spricht man von einem dynamischen Prozess, der fortlaufend stattfindet (vgl. Berthold/Schütz 2010, S.30).

Folgende Abbildung verdeutlicht diesen Prozess noch einmal:

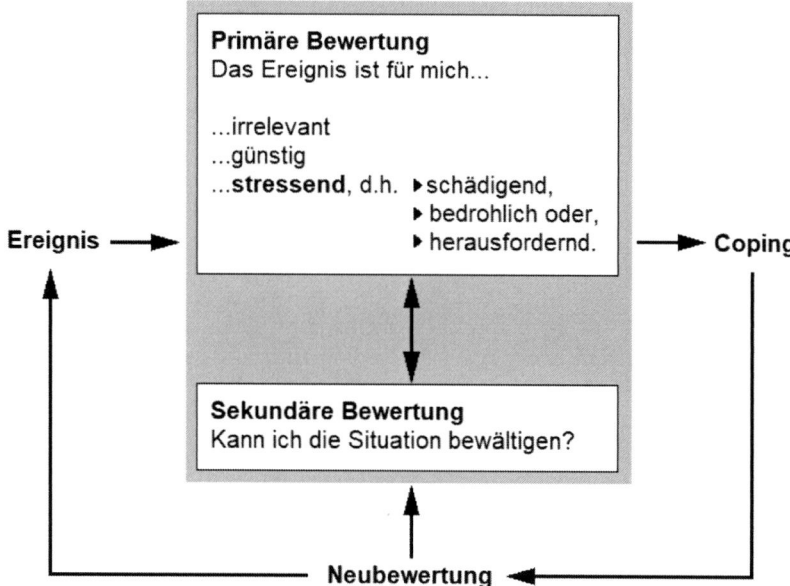

Abbildung 3: Das transaktionistische/transaktionale Stressmodell

„Ein Ereignis wird im Rahmen der primären Bewertung als irrelevant, günstig oder stressend (schädigend, bedrohlich oder herausfordernd) eingeschätzt. Bei der sekundären Bewertung wird eingeschätzt, welche Bewältigungsfähigkeiten und -möglichkeiten bestehen. In Abhängigkeit der Bewertungsergebnisse werden Strategien zur Bewältigung gewählt. Nach Anwendung dieser Coping-Strategien erfolgt eine Neubewertung, im günstigen Fall wird das Ereignis nicht mehr als stressend bewertet" (übernommen aus: Berthold/Schütz 2010, S.28).

Wenn die Bewertung unbewusst verläuft, kann die Reaktion, die den Stress auslöst, schnell und reflexhaft sein, ohne dass zuvor eine bewusste „kognitive Bewertung" durchgeführt wurde. Speziell emotionale Betrachtungsweisen einer Situation sind meist unbewusst und unterliegen keiner gezielten Kontrolle, da erst das im Prozess entstandene Ergebnis bewusst erfasst wird (vgl. Berthold/Schütz 2010, S.30).

Kritisiert werden an dieser Theorie die methodischen Schwierigkeiten, unter anderem bei der Erfassung von Stress als transaktionales bzw. prozesshaftes Phänomen. In der neueren Forschung findet sie jedoch große Anerkennung (vgl. Faltermaier 2005; Knoll et al. 2005).

4.2 Arbeitsstress

Das Kapitel Arbeitsstress bezieht sich auf die berufsbedingten, sich ständig ändernden Prozesse, die zur Entstehung von Stress führen, zum Beispiel können Überstunden im Beruf, die den Zeitdruck minimieren sollen, zu Problemen in der Partnerschaft oder im Familienleben führen. Inwieweit Stress künftig zu Beeinträchtigungen führt, ist abhängig von der Art und Weise, wie vergangene Stressmomente verarbeitet wurden, vergangener Stress kann daher durchaus Auswirkungen auf den aktuellen Stress haben. Entscheidend ist, wie der aktuelle Stress verarbeitet wird. In weiterer Folge kann es zu chronischem Stress führen, da mögliche Bewältigungsstrategien beeinträchtigt werden. Es können auch künftige Ereignisse zum aktuellen Stress beitragen wie zum Beispiel eine Vorladung vor den Chef, wobei der Inhalt des bevorstehenden Gesprächs nicht bekannt ist (vgl. Bertholdt/Schütz 2010, S.24).

McGrath (zit. n. Wolfsohn 2011, S.5) kategorisiert fünf Stressgruppen hinsichtlich der beruflichen Tätigkeit:
• Arbeitsaufgabe
• Arbeitsrolle
• sozialer Verhaltensrahmen
• physische Arbeitsumgebung
• soziale Arbeitsumgebung

Je nachdem wie diese aufeinander wirken, kann sich das Stresspotential erhöhen. Ob aber eine überfordernde Stresssituation entsteht, hängt vom Individuum selbst ab und davon, wie es mit den potentiellen Stressoren umgeht (Bewältigung). Das heißt, die psychische Verarbeitung und Bewertung ist verantwortlich dafür, dass Stress zu einer möglichen Belastung wird (vgl. Wolfsohn 2011, S.5).

Am Beispiel des Linienpiloten lässt sich gut erkennen, dass unregelmäßige Arbeitszeiten und schwer koordinierbare Zeitpläne ein großes Problem für die Vereinbarung von

Familie und Erwerbstätigkeit sein können. Durch die Arbeitsstruktur ist Arbeitsteilung ein wichtiger Faktor, der immer wieder zu Konflikten führen kann. Zusätzlich können fehlende Wochenenden, Nachtdienst, etc. ausschlaggebend sein. Hinzu kommt, dass eine weitere Absicherung durch ein soziales Netzwerk notwendig ist, besonders, wenn beide PartnerInnen arbeiten. Die Planbarkeit und Abstimmung zwischen den PartnerInnen sind aber noch nicht die größten Herausforderungen, sondern das Eintreffen unvorhergesehener Faktoren, wie zum Beispiel die Erkrankung des Kindes (vgl. Höpflinger/Charles/Debrunner 1991, S.41ff). Wenn es zu einer räumlichen Trennung kommt, da einer der beiden Partner, in diesem Fall der Mann, einige Tage abwesend ist, erfordert das ebenfalls Umstrukturierungen. Der Stress entsteht, wenn die Verschiebung zwischen Schlaf- und Arbeitszeit lange dauert und die sozialen Kontakte dadurch vernachlässigt werden (vgl. Rutenfranz 1981, S.385). Im Falle eines Linienpiloten auf der Langstrecke kann es dazu kommen, dass mehr als zehn Nächte außerhäuslich verbracht werden müssen. Dazu kommen noch hohe körperliche und gesundheitliche, aber auch seelische Belastungen, deren Bewältigung mit zunehmendem Alter einen immer längeren Regenerationsbedarf erfordern (vgl. Interview 1, Zeile 120). Zu den arbeitsbedingten psychischen Belastungen zählen unter anderem: ein erhöhtes Arbeitstempo, erhöhte Konzentration und flexible Arbeitszeitmodelle. Diese haben zur Folge, dass die bereits erwähnte Arbeitsintensität zunimmt und es zu Zeit- und Leistungsdruck kommt, was sich belastend auf die Psyche auswirkt (vgl. Helmer 2014, S.24f). Es kann auch zu einer Verdichtung der qualitativen Leistung kommen. Dabei wird die tatsächliche Arbeit durch vor-, neben- und nachgelagerten Aufgaben, zum Beispiel durch die Übernahme von Kontroll-, Entscheidungs- und Verantwortungskompetenzen erweitert. Die Arbeitsaufgabe wird dadurch nicht komplizierter, sondern umfangreicher. Eine solche Überbelastung kann negative gesundheitliche Folgen haben und beispielsweise zu Beeinträchtigungen des Herz-Kreislauf-Systems, Schlafstörungen, Depressionen und Magen-Darm-Erkrankungen führen (vgl. Helmer 2014, S.26f). Die Leistungsfähigkeit eines Erwerbstätigen ist keine unbegrenzte Ressource, da sie zahlreichen Einflüssen ausgesetzt ist. Aus der Sicht der Arbeitswissenschaften ist die „Leistungsfähigkeit" die maximale Arbeitsfähigkeit zu der ein Mensch innerhalb einer gewissen Zeitspanne in der Lage ist. Die Leistungsfähigkeit wird von der subjektiven Leistungsbereitschaft beeinflusst. Unter „subjektiver Leistungsbereitschaft" versteht man die Bereitschaft einer Person eine gewisse Leistung zu erbringen. Sie ist ein veränderbarer und wandelbarer Prozess.

Treten zur regulären Arbeit zusätzliche Belastungen auf, können persönliche und individuelle Grenzen schneller ausgereizt werden, im Speziellen bei mentalen und psychischen Herausforderungen. Arbeitsbedingte Belastungen können die Aufgabe und die Ausführung mit den damit verbundenen Umständen bzw. Bedingungen sein. Die ArbeiterIn bzw. Erwerbstätige kann nur über eine gewisse Zeit hindurch über ihre maximale Leistungsfähigkeit arbeiten. Dauert diese Situation länger an, führt sie beispielsweise zur Übermüdung oder es werden längere Erholungsphasen benötigt (vgl. Helmer 2014, S.20f). Ein weiterer entscheidender Einflussfaktor ist die körperliche Beanspruchung, die sich je nach Intensität der Einwirkung, zeigt. Die Erbringung von Leistung wird erst dann erheblich beeinträchtigt, wenn die Einflüsse zu stark sind. Leistungen können auch dann nicht erbracht werden, wenn sich die Anforderungen verringern. Demzufolge kann Unter- und Überforderung zu Stress im Berufsalltag führen (vgl. Rutenfranz 1981, S.386). Nach Bertholdt/Schütz (2010) wird Belastung wie folgt beschrieben:

„Belastungen beschreiben Kräfte, die auf feste Körper einwirken und diese unter Umständen vorübergehend oder dauerhaft verändern, also beanspruchen. Das Ausmaß der Veränderung ist dabei von einer Materialkonstante abhängig" (Bertholdt/Schütz 2010, S.22).

Wenn man diese Definition in Bezug zu einer arbeitenden Person setzt, heißt dies, dass die Beanspruchung sowohl von der Belastung, als auch von den Ressourcen und den Kompetenzen, die jede Person individuell aufweist unter Berücksichtigung ihres Befindens, abhängig ist (vgl. Bertholdt/Schütz 2010, S.22). Daraus lässt sich schließen, dass die Folgen der Beanspruchung positiv wie negativ sein können. Positive Folgen können zum Beispiel Anregungseffekte sein, während negative Folgen beispielsweise zu Ermüdungszuständen führen können, die sich auf den psychischen Zustand auswirken. Zu diesen negativen Beanspruchungsfolgen kann es durch Über- und Unterforderung kommen. Eine solche Diskrepanz kann zur Ursache von Stress werden (vgl. Bertholdt/ Schütz 2010, S.23).

„Stress kann man so mit McGrath (1970) als einen Zustand bezeichnen, bei dem das Verhältnis zwischen der Kapazität des Organismus und den ihn treffenden Belastungen aus dem Gleichgewicht gerät. Notwendig ist ferner, daß [!]es für die betreffende Person gleichzeitig von besonderer Wichtigkeit wäre, den gestellten Anforderungen zu entsprechen, mit den übernommenen Aufgaben fertig zu werden, die Belastungen zu verkraften." (Rutenfranz 1981, S.387).

Stress ist nach dem Zitat von Rutenfranz (1981) an die Motivation gekoppelt, vor allem dann, wenn es um die Arbeitsmotivation geht. Motivation ist eine positive Veränderung der Bedingungen in Form von Verbesserungen. Erwartungen sind ebenso wichtige Einflussfaktoren, da sie mit der Selbstüber- und Selbstunterschätzung der individuellen Fähigkeiten einer Person korrelieren. Hierzu können noch soziale Faktoren dringen, die zu möglichen Ursachen führen, wie etwa Unsicherheit oder Anstrengung (vgl. Rutenfranz 1981, S.387). Dazu unterscheiden Bamberg, Busch und Ducki (2003, zit. n. Eppel 2007, S.28):

- *„Stressoren in der Arbeitsaufgabe (zeitliche oder inhaltliche Über- bzw. Unterforderung),*
- *Stressoren der Arbeitsplatzumgebung (Lärm, Enge usw.),*
- *Stressoren in der Zeitorganisation (Schichtarbeit, Überstunden, Erholungszeiten),*

- *Stressoren in der Karriere (Berufseintritt, Erfolge oder ausbleibende Beförderung),*
- *Stressoren in der Arbeitsplatzunsicherheit,*
- *Stressoren im psychosozialen Bereich (unterschiedliche Erwartungen, Wert und Normen, persönlicher Angriff, Mobbing),*
- *Stressoren im emotionalen Bereich (Anforderungen an Empathie, Ausblenden eigener Befindlichkeit)"* (Eppel 2007, S.28f).

Die Teamarbeit ist an dieser Stelle ebenfalls ein wichtiger Aspekt, denn sie kann laut Welford (1981, zit. n. Rutenfranz 1981, S.389) nur dann funktionieren, wenn ein gemeinsames Ziel verfolgt wird und ein Gleichgewicht zwischen Konflikten und Vorteilen besteht. Gelingt der Ausgleich nicht, entsteht psychosozialer Stress. Dieser führt zu erhöhter emotionaler Beanspruchung und langfristig zu psychosomatischen Erkrankungen (vgl. Rutenfranz 1981, S.389). Folgende Faktoren können vor allem in Kombination mit zu hoher Beanspruchung zu Stress führen:

- *„körperliche Schwerarbeit,*
- *Ungünstige Umgebungsbedingungen (Klima, Lärm, Vibrationen, Gas, Stäube, Dämpfe),*
- *Zeitdruck,*
- *Monotonie,*
- *Doppelbelastung durch Arbeit im Beruf und zu Hause (z.B. alleinerziehende Mütter oder Väter),*
- *Sinnentleerung der Arbeit durch Atomisierung des Arbeitsvollzuges,*
- *mentale Belastungen durch Entscheidungszwänge,*
- *emotionale Belastungen durch hohe Verantwortlichkeit,*
- *Überforderung durch Unterforderung,*
- *Arbeit zu unüblicher Zeit,*
- *Unzufriedenheit mit der Arbeit,*
- *Unsicherheit des Arbeitsplatzes (drohende Arbeitslosigkeit)"* (Rutenfranz, 1981, S.389).

Die erwähnten Größen lassen die Annahme zu, dass es viele arbeitsbedingte Belastungen (Stressoren) gibt, die zur Überforderung im Arbeitsalltag und in weiterer Folge zu psychischen Erkrankungen führen können, so die Sicht der Arbeitsmedizin. Der Stress am Arbeitsplatz kann reduziert werden, wenn Arbeitsplätze mit Arbeitsbedingungen geschaffen werden, die menschengerecht sind (vgl. Rutenfranz 1981, S.389). Es besteht die Verpflichtung zur „Schutzmacht" einerseits durch die Schaffung rechtlicher Rahmenbedingungen durch den Staat und andererseits durch die Einhaltung der Schutzbestimmungen durch die ArbeitgeberInnen, den Betriebsrat, den Gewerkschaften und den Gesundheitsorganisationen. Zusätzlich besteht die Verpflichtung durch die ArbeitnehmerInnen selbst für das persönliche Wohlbefinden bzw. Wohlergehen zu sorgen (vgl. Helmer 2014, S.32).

4.3 Elternstress

Elternstress ist eine spezifische Form von Stress, welche die Anforderungen der Elternschaft aufgrund der Interaktion mit dem Kind bzw. den Kindern bündelt. Man spricht hier von subjektiv erlebtem Stress, der je nach Elternteil bzw. je nach Elternpaar unterschiedlich wahrgenommen wird. Das Verhalten des Kindes oder der Kinder kann das elterliche Wohlbefinden unterschiedlich beeinflussen (vgl. Domsch/Lohaus 2010, S.6). Viele Eltern empfinden ihre Position innerhalb der Familie als belastend und von dauerhaftem Stress begleitet. Vera Ahne (2012) beschreibt in ihrem Erfahrungsbericht die Problematiken mit denen Eltern konfrontiert sind bzw. werden und stellt fest, dass rund zwei Drittel der Eltern mit der Erziehung ihrer Kinder überfordert sind. Die Studie „Eltern unter Druck" der Konrad-Adenauer-Stiftung (2008, zit. n. Ahne 2012, S.91f) thematisiert ebenfalls elterliches Stresserleben. In dieser Untersuchung wurde herausgefunden, dass viele Paare das Gefühl haben, ihren Aufgaben als Eltern nicht gewachsen zu sein. Außerdem glauben viele, dass die Erziehung früher leichter war, da ein starres Geflecht an gesellschaftlichen Werten und Normen vorlag. Kirche und Gesellschaft verfolgten gleiche Ansichten über die Disziplin in der Kindererziehung. Der autoritäre Erziehungsstil wurde später von einem antiautoritären und laissez-fairen Stil abgelöst. Diese „neuen" Erziehungsstile stellten sich gegen Züchtigung der Schutzbefohlenen, dafür sollten demokratische Diskussionen geführt werden, welche das elterliche Nervenkorsett stärker fordern. Diese Richtung erwies sich ebenso nicht als optimal. Seither ist jeder auf der Suche nach seinem individuellen Erziehungsstil. Da auch ExpertInnen ständig ihre Meinung darüber ändern was richtig und falsch ist, haben Eltern wenig Anhaltspunkte oder Verifikationsmöglichkeiten. Diese Bandbreite an erzieherischen Wahlmöglichkeiten überfordert viele Eltern zusätzlich. Die Schweizerin Eva Zeltner (1997, zit. n. Ahne 2012, S.91f) prägte für die Unschlüssigkeit der Eltern über den idealen Erziehungsstil den Begriff „Wankelpädagogik". Die Unschlüssigkeit der Erziehung wirkt sich vor allem auf die Kinder aus, wobei diese nie genau wissen, wie ihre Eltern reagieren (vgl. Ahne 2012, S.91f). Nach dem Modell von Mash und Johnston (1990, zit. n. Domsch/Lohaus 2010, S.6f) und dem Modell von Abidin (1992, zit. n. Domsch/Lohaus 2010, S.7) wird die Interaktion zwischen Eltern und Kindern durch die Charakteristika des Kindes und der Eltern sowie durch ihre Umwelt beeinflusst. Zu den Charakteristika des Kindes zählen sein Temperament sowie kognitive und psychische Merkmale. Die Charakteristika der Eltern umfassen: ihre Kognition, das emotionale Befinden, die Persönlichkeitseigenschaften, das Verhaltensrepertoire, den Gesundheitszustand uvm. Unter „Umwelteinflüsse" wird das gegenwärtige soziale Umfeld, seine Bedingungen, alltägliche Belastungen oder Ereignisse verstanden (vgl. Domsch/Lohaus 2010, S.6f). Einige Väter erleben beispielsweise ihr sechs Monate altes Kind als eine stärkere Belastung, als das Kind unmittelbar nach der Geburt (vgl. Werneck 1998, S.51f). *„Außerdem konzentrieren sich der Streß [!] bzw. dessen Indikatoren bei Vätern nicht, wie bei den Müttern, auf den familiären Bereich, sondern verteilen sich stärker auf Beruf und Familie"* (Werneck 1998, S.52). Petzolds (1998, zit. n. Werneck 1998, S.52) fand sogar heraus, dass Väter, die sich an der Erziehung ihres Kindes beteiligen, einer erhöhten Belastung, durch die Entzweiung zwischen Familie und Beruf erleben (vgl. Werneck 1998, S.52). Rund ein Drittel der Eltern empfindet den Erziehungsalltag nahezu täglich als Stress und ca. die Hälfte verspürt ihn zumindest gelegentlich als stressig, so auch ein Ergebnis der Sinus-Studie (vgl. Borgstedt/Wippermann 2010, zit. n. Alt/Lange 2011, S.141). Stress- und Belastungserleben sinken in einer Familie, wenn sich beide PartnerInnen gegenseitig unterstützen, vor allem müssen sich die Väter mehr an der unentgeltlichen Hausarbeit beteiligen (vgl. Fthenakis 1999, S.54; Borchert/Collatz 1994 zit. n. Klepp 2004, S.87).

Die entscheidenden Einflussfaktoren für Elternstress sind Berufstätigkeit, Partnerschaft, alltägliche Probleme und Lebensereignisse. Ob diese zu Stress führen, ist abhängig vom kognitiven Bewertungsprozess einer Person. Die Bewertung basiert auf dem „inneren Arbeitsmodell", das auf die frühe Bindungs- und Erziehungserfahrungen zurückzuführen ist, sowie auf die persönlichen Erwartungen, Einstellungen und Überzeugungen (vgl. Domsh/Lohaus 2010, S.7). *„Elternstress entsteht vor allem dann, wenn auf der Basis der eigenen elterlichen Rollenvorstellungen eine potentiell schädigende Wirkung erwartet wird."* (Domsh/Lohaus 2010, S.7). In diesem Fall werden die verfügbaren Ressourcen in Erwägung gezogen und ein entsprechendes Elternverhalten gezeigt. Das Modell von Abidin (1992, zit. n. Domsch/Lohaus 2010, S.7) ist gut vereinbar mit den generellen Mutmaßungen zur Entstehung von Stress aus dem transaktionalen Stressmodell. Außerdem fokussiert es auch auf weitere Faktoren, die zur Entstehung von Elternstress beitragen. Es gibt zu diesem Modell keine empirischen Ergebnisse. Das Modell von Östberg und Hagekull (2000, zit. n. Domsch/Lohaus 2010, S.8) befasst sich mit den Determinanten von Elternstress. Folgende wurden dabei namhaft gemacht:

- *„Kritische Lebensereignisse,*
- *Anzahl der Kinder in der Familie,*
- *Alter der Mutter,*
- *Schulbildung der Mutter,*
- *Ausmaß der sozialen Unterstützung,*
- *Irregularität des kindlichen Verhaltens (insbesondere bei der Regulation biologischer Bedürfnisse),*
- *Schwierigkeit des kindlichen Temperaments,*
- *Ausmaß der erforderlichen Arbeit im Haushalt,*
- *Ausmaß der alltäglichen Probleme mit dem Kind."* (Domsch/Lohaus 2010, S.8).

Wenn man sich ihre Ergebnisse aus der empirischen Untersuchung ansieht, ergeben sich die höchsten Einzelkorrelationen hinsichtlich des Elternstresses mit „dem Ausmaß der Arbeit im Haushalt", dem „Temperament des Kindes" und dem „Ausmaß der alltäglichen Probleme im Umgang mit dem Kind". Das auf diesen Ergebnissen basierende berechnete Strukturgleichungsmodell von Östberg und Hagekull (2000, zit. n. Domsch/Lohaus 2010, S.8f) zeigt, dass es direkte und indirekte Zusammenhänge hinsichtlich der Entstehung von Elternstress gibt. Das heißt, Elternstress entsteht aus der Wahrnehmung und der Bewertung der Anforderungssituationen in den Interaktionen zwischen Eltern und ihren Kindern (vgl. Domsch/Lohaus 2010, S.7f). Weitere Einflussfaktoren, die sich auf die subjektive Wahrnehmung von Stress auswirken, sind unter anderem die Menge der täglichen Hausarbeit, das Maß der Übereinstimmung der Erziehungsansichten beider Elternteile, der persönliche Gesundheitszustand und die subjektive Wahrnehmung der persönlichen Fähigkeiten in der Kindererziehung (vgl. Östberg, zit. n. Lohaus/Domsch/Fridrici 2007, S.210). Viele Einflussfaktoren, die zum Elternstress beitragen, zeigen Wechselwirkungsverhältnisse, beschrieben werden diese anhand des bereits angeführten Modells von Mash und Johnston (1990, Domsh/Lohaus 2010, S.9f). Wenn man sich die elterlichen Faktoren näher anschaut ist festzustellen, dass das Lebensalter und das Geschlecht widersprüchlich wirken. Östberg, Hagekull und Wettergren (1997, zit. n. Domsch/Lohaus 2010, S.9f) beschreiben, dass ältere Mütter ihr Kind als größere Einschränkung empfinden als Jüngere. Die Ergebnisse der Studie von Ragozin, Basham, Crnic, Greenberg und Robinson (1982, Domsch/Lohaus 2010, S.9f) zeigen jedoch genau das Gegenteil, denn sie ergeben, dass ältere Mütter viel zufriedener und daher auch angepasster in ihrer Mutterrolle sind (vgl. Domsch/Lohaus 2010, S.9f). Wenn es um geschlechtsspezifische Ursachen für das Wahrnehmen von Elternstress geht, sind die Verhaltensunterschiede maßgebliche Einflussfaktoren. Ein eindeutiger Zusammenhang besteht zwischen elterlichem Stress und kindlichem Temperament, da Kinder mit einem herausfordernden Temperament sich schwer beruhigen lassen und auch Probleme bei der Regulation ihrer Emotionen haben, außerdem wird das Verhalten der Eltern dadurch beeinflusst. Im ungünstigsten Fall kann dieses Verhalten verstärkt durch die negative Rückkoppelung zu Schwierigkeiten führen, somit müssen kindliche Verhaltensauffälligkeiten im Hinblick auf Elternstress berücksichtigt werden (vgl. Domsch/Lohaus 2010, S.11). Mash und Johnston (1990, zit. n. Domsh/Lohaus 2010, S.12) belegen, dass Elternstress von der Eltern-Kind-Interaktion geprägt wird. Elternstress kann aber auch im umgekehrten Sinn das Problemverhalten von Kindern fördern (vgl. Domsch/Lohaus 2010, S.12).

Einen erheblichen Einfluss hat die Anzahl der Kinder in einer Familie, das heißt je mehr Kinder es in der Familie gibt, desto höher ist das Stressempfinden. Ein Teil der Eltern empfindet durch die Kinder Einschränkungen in der Freizeit. Diese Einschränkungen werden als Rollenrestriktion beschrieben, woraus sich ergibt, dass je größer sie ist, desto größer wird das Stresserleben empfunden. In Bezug auf die Berufstätigkeit sind diese Wirkungen ambivalent, da sie im Zusammenhang mit den positiven und negativen Folgen für die Eltern stehen. Vorteile sind eine bessere ökonomische bzw. finanzielle Situation, Wohlbefinden, etc. Nachteile sind Zusatzbelastungen wie Erziehung und Überforderungsempfinden, etc. Einen wesentlichen Einfluss haben zudem Persönlichkeitscharakteristika, beispielsweise das individuelle Temperament, die Persönlichkeit und die Erfahrung, da sie auf die Wahrnehmung von Stressfaktoren wirken (vgl. Domsch/Lohaus 2010, S.10f). Elternpaare, die sich in Erziehungsfragen einig sind, erleben weniger Stress, da sie in stressfördernden Situationen gelassener reagieren. Bei Eltern hängt das Empfinden von Stress ebenso mit dem persönlichen Wohlbefinden zusammen. Elternteile beispielsweise, die sich niedergeschlagen oder ängstlich fühlen, empfinden Erziehungsaufgaben eher als sehr überlastend (vgl. Lohaus et al. 2007, S.210f).

Eine intakte Partnerschaft kann förderlich für die Bewältigung der Anforderungen im Umgang mit einem Kind sein. Es können sich aber auch Probleme in der Partnerschaft stressfördernd auswirken, wenn beide Elternteile nicht die gleichen Ziele verfolgen und sich bei den Erziehungsstrategien nicht absprechen. Sie können sich gegenseitig unterstützen bzw. bestätigen, wodurch sich das Stresserleben verringert. Die Partnerschaft wird zur wichtigen Ressource, die einen wesentlichen Einfluss auf das elterliche Verhalten haben kann, was zu einem verbesserten Wohlbefinden führt und sich fördernd auf die Eltern-Kind-Interaktion auswirkt. Zu beachten ist, dass nicht die Art der Familienstruktur entscheidend für elterliches Stresserleben ist, sondern die Gestaltung des Zusammenlebens innerhalb der Familie. Ein Ausmaß der Unterstützung von weiteren Familienmitgliedern und die Kommunikation sind wichtige Einflussfaktoren (vgl. Domsch/Lohaus 2010, S.12). In allen Fällen hat die Unterstützung durch ein soziales Netzwerk einen wesentlichen Anteil an der Bewältigung von Belastungen. Die Studie von Östberg und Hagekull (2000, zit. n. Domsch/Lohaus 2010, S.12f) zeigt, dass die wahrgenommene soziale Unterstützung als wesentlicher Einzelprädiktor für die Intensität des Stresserlebens ausschlaggebend ist. Je mehr Unterstützung durch ein soziales Netzwerk besteht, desto geringer ist das Stresserleben und umso positiver ist die Selbstwahrnehmung. Zu diesem Ergebnis kamen ebenso Koeske und Koeske (1990, zit. n. Domsch/Lohaus 2010, S.12f) sowie Richardson, Barbour und Bubenzer (1995, zit. n. Domsch/Lohaus 2010, S.12f). Ein soziales Netzwerk kann durchwegs auch als negativ empfunden werden, nämlich dann, wenn es als unerwünscht oder einschränkend wahrgenommen wird. Das Stresserleben wird dabei vor allem dann gesteigert, wenn es zu zusätzlichen Konflikten kommt. Wenn alltäglicher Stress einen langen Zeitraum andauert, kann er zur Dauerbelastung werden und zu Überforderung führen. Verschärft werden diese alltäglichen Anforderungen hin und wieder durch kritische Lebensereignisse, wie beispielsweise ein Wohnortwechsel. In dieser Zeit werden Bewältigungsstrategien und Neuanpassungsmaßnahmen gesetzt. Im Idealfall verläuft dieser Prozess ohne große Belastungen (vgl. Domsch/Lohaus 2010, S.12f).

4.4 Stressbewältigung und Ressourcen

Stress entsteht durch intrinsische und extrinsische Reize, die einen Menschen aus seinem gewohnten Gleichgewicht bringen können. Gründe dafür können Prüfungen, ein Übermaß an Arbeit, aber auch Klimaveränderung durch eine Urlaubreise sein. Insbesondere ist das bei Langstreckenpiloten zu beobachten, die regelmäßig zahlreiche Zeitzonen durchqueren und an den Zielorten zusätzlich noch mit unterschiedlichen klimatischen Bedingungen konfrontiert sind. Diese Reize zeigen bei Menschen unterschiedliche Wirkungen mit unterschiedlichen Reaktionen. Beeinflusst wird der Ausgangsreiz von den Emotionen, was in weiterer Folge zu physiologischen Veränderungen führen kann. Handelt es sich dabei um eine negative Reaktion, und hält diese über einen längeren Zeitraum an, gerät der Mensch aus dem Gleichgewicht. Da die sogenannten Energiereserven aufgebraucht werden, kommt es zu Erkrankungen des Organismus, was sich durch Depressionen, Magengeschwüren, Bluthochdruck, etc. äußern kann. Häufig ziehen sich betroffene Menschen aus dem gesellschaftlichen Leben zurück und vermeiden Sozialkontakte. Dieser Zustand ist nicht endgültig, sondern kann von Betroffenen durch unterschiedliche Maßnahmen, wie Sport, gesunde Ernährung, etc. wieder geändert werden. Entscheidend ist, ob die Situation von den Betroffenen erkannt und richtig eingeschätzt wird (vgl. Paletta 1996, S.7f).

„Jede Stresssituation erfordert eine maßgeschneiderte Methode, um angemessen mit ihr fertig zu werden. Geeignete Maßnahmen kann man lernen und in der jeweiligen Situation zur aktiven Entspannung und Stressbewältigung einsetzen." (Wagner-Link 2009, S.19)

Unter Stressbewältigung (Coping) versteht man das Überstehen einer Situation, die belastend ist (vgl. Knoll/Scholz/Rieckmann 2005, S.105). Die Art und Weise, wie eine Person ihren Stress bewältigt, wirkt sich entscheidend auf die Lebensmoral, die soziale Anpassung und den gesundheitlichen Zustand aus. Diese Auswirkungen sind tiefgreifender als die Häufigkeit und Intensität der Stressepisode selbst (vgl. Lazarus/Launier 1981, S.241).

„Die Ursache von Stress ist nicht isolierten Person- und/oder Umweltmerkmalen zuzuschreiben, sondern einer mangelnden Übereinstimmung zwischen individuellen Bedürfnissen, Wünschen und Kompetenzen auf der einen Seite und Anforderungen, Gegebenheiten und Möglichkeiten auf der anderen Seite." (Bamberg, Busch und Ducki 2003, S.40, zit. n. Eppel 2007, S.16)

Um Stress bewältigen zu können, ist es wichtig, bereits im Vorfeld den eigenen Stress zu analysieren, hier sollte herausgefunden werden, welche Ursachen schuld sind und welche Reaktionen sich zeigen. Wird dies beispielsweise schriftlich in einem Stresstagebuch festgehalten, kann das Stressmuster besser erkannt und dementsprechend eine gezielte Bewältigungsstrategie erarbeitet werden (vgl. Schröder/Blank 2011, S.60). Die Anzahl der Ansätze, die sich mit Stressbewältigung bzw. Coping beschäftigen, ist sehr groß, daher wird nur auf ausgewählte Ansätze eingegangen.

Folgende drei Ansätze können zu einer erfolgreichen Stressbewältigung beitragen:

• Kognitive Stressbewältigung
  Dieser Ansatz fokussiert die kritische Hinterfragung von persönlichen Stressverstärkern, wie zum Beispiel die eigenen Bewertungen, Einstellungen, Motive und Denkmuster. Wichtig ist eine Zentralisierung der Gedanken auf positive Erlebnisse und Gefühle im Leben sowie das Loslassen von Negativem. Außerdem sollten die eigenen Grenzen festgelegt werden, um Überforderung zu vermeiden.

- Instrumentelle Stressbewältigung
  Sie hat zum Ziel, Stressoren zu verhindern oder zu reduzieren. Dabei wird gelernt, mit verschiedenen Methoden den Arbeitsplatz neu zu organisieren, „NEIN" zu sagen oder Arbeiten zu delegieren, etc.

- Palliativ-regenerative Stressbewältigung
  Diese Strategie fokussiert die Regulation von physiologischen und psychologischen Stressreaktionen, zum Beispiel den Umgang mit negativen bzw. unangenehmen Gefühlen wie Angst oder Ärger. Im besten Fall werden diese negativen Gefühle in positive umgewandelt. Mögliche Methoden zur Stressreduktion sind entlastende Gespräche, Ablenkungen, spezielle Atemtechniken oder Selbstfürsorge. Bei der regenerativen Stressbewältigung geht es in erster Linie um die langfristige Stressreduktion. Dabei helfen Maßnahmen wie Entspannungstraining, sportliche Aktivitäten, das Ausüben von Hobbys oder das Pflegen von Freundschaften (vgl. Kazula 2009, S.50ff).

Ein weiterer Ansatz stammt von Lazarus (1995), demzufolge ist Stress ein unvermeidliches Phänomen im alltäglichen Leben. Differenziert werden jedoch seine Folgen, da sie aufgrund der angewandten Bewältigungsstrategien erzeugt werden (vgl. Lazarus 1995, S.216). Das Coping zielt auf den Umgang mit externen und internen Stressoren ab, abhängig davon, ob der Prozess erfolgreich ist oder nicht, ist die Anzahl der Ressourcen einer Person. Coping ist ein Prozess, der dann einsetzt, wenn eine Situation von Individuen als stressend eingeschätzt wird. Beeinflusst wird der Copingversuch von personellen Merkmalen und von Umweltgegebenheiten. Wenn sich die Person beim Coping an den Stressor anpasst und dieser dadurch zur Umweltbedingung wird, nennt man dieses Phänomen Assimilation oder Akkomodation. Ziel des Copings ist dann das Gleichgewicht wiederherzustellen, das durch eine Destabilisierung des psychischen Systems infolge der Wirkung von Stressoren aufgelöst wurde (vgl. Lazarus/Folkman 1984, 226f; Bodenmann/Gmelch 2009, S.620f). Aus der Sicht von Lazarus und Folkman (1984) sind für die Stressbewältigung zum einen die assimilative Strategie (Regulation der Emotionen) und zum anderen die akkomodative Strategien (problemlösendes Eingreifen) notwendig. Diese beiden Strategien wurden von Reicherts (1988, zit. n. Bodenmann/Gmelch 2009, S.620f) um die Strategie der Selbstwertequilibrierung erweitert. Sie zielt auf den Schutz des Selbstwertgefühls (vgl. Bodenmann/Gmelch 2009, S.620f).

Neben den emotionsregulierenden und problemlösenden Strategien erarbeitete Lazarus (1995) vier Formen von Bewältigungsstrategien, die auch die Person und ihre Umwelt hinsichtlich ihrer Ereignisse fokussieren. Zu diesen Coping-Strategien zählen:
- Informationssuche
- direkte Aktionen
- Aktionshemmung
- intrapsychische Prozesse (vgl. Lazarus 1995, S.218ff).

Es gibt mittlerweile eine Vielzahl von Stressbewältigungsprogrammen, jedoch ist ihre Wirkungsweise empirisch nicht immer belegt (vgl. Bodenmann/Gmelch 2009, S.624).

Ressourcen sind ebenso eine Form der Stressbewältigung, denn unter Ressourcen versteht man jene förderlichen Mittel, die eingesetzt werden können, um mit belastenden Stresssituationen besser umgehen zu können oder sie ganz zu vermeiden (vgl. Goldgruber 2012, S.18). Aus der Sicht Lazarus (1993, zit. n. Schröder/Schwarzer 1997, S.174) beeinflussen sie daneben den transaktionalen Prozess von Stress und Coping, da Ressourcen mangelnde Handlungsmöglichkeiten kompensieren und in herausfordernden zukünftigen Situationen unterstützen (vgl. Schröder/Schwarzer 1997, S.174). Die Ressourcen, über die eine Person verfügt, sind entscheidend für den Umgang mit schwierigen Situationen im beruflichen und privaten Alltag. Je stärker sie vorhanden sind, desto stressresistenter ist eine Person. Allerdings ist das Stressempfinden immer individuell ausgeprägt. Ressourcen können unterteilt werden in innere bzw. personale sowie äußere bzw. soziale und organisationale:

- Personale Ressourcen

  Zu den personalen Ressourcen zählen unter anderem die Persönlichkeitsmerkmale, die soziale Kompetenz oder die Strategien zur Stressbewältigung. Dazu kommen noch gesundheitliche Aspekte, wie ein gutes Immunsystem oder die körperliche Gesundheit (vgl. Goldgruber 2012, S.83). Unter personalen Ressourcen versteht man die Handlungsmuster einer Person, zum Beispiel die situationskonstanten, flexiblen gesundheitserhaltenden oder wiederherstellenden Kompetenzen, welche abhängig sind von den sozialen Beziehungen einer Person. Als Beispiel wäre hier zu nennen das Vertrauen in eine verlässliche Person und ihre Ressourcen (vgl. Udris 2006, S.6ff). Eine personale Ressource, die im transnationalen Stressmodell enthalten ist, ist das Copingverhalten. (vgl. Kauffeld/Hoppe 2014, S.255f).

- Soziale Ressourcen

  Sie werden als Ressourcen des verfügbaren sozialen Handlungsraumes, sowohl im privaten als auch im beruflichen Bereich gesehen. Im beruflichen Bereich wären folgende Ressourcen als Beispiele zu nennen: das kooperative-partizipative Vorgesetztenverhalten, ein positives Arbeitsklima oder Unterstützungsangebote. Im privaten Bereich wären Ressourcen die Unterstützung durch die Partnerin bzw. den Partner, die Familie oder die Freunde. Die soziale Unterstützung ist nur durch die individuelle Beziehungserfahrung und -gestaltung wirksam, zum Beispiel ist in einer konstruktiven Arbeitsbeziehung die soziale Unterstützung ein Puffer gegen Stress (vgl. Udris 2006, S.7).

- Organisatorische Ressourcen

  Das sind Ressourcen, die eine Person entwickelt oder verändert, indem sie in verschiedenen Situationen individuelle Handlungen setzt. Beispiele hierfür sind: die bereits genau beschriebenen betrieblichen Bedingungen oder Hilfsmittel zur Erleichterung der berufsbedingten Anforderungen (vgl. Ulrich 2005, S.459ff).

Wirken können die Ressourcen auf drei unterschiedliche Arten:

a. Eine direkte und positive Wirkung auf die menschliche Gesundheit und auf das Wohlbefinden ist gegeben, wenn die unmittelbare Belastung nicht berücksichtigt wird.

b. Eine indirekte Wirkung ist gegeben, wenn die Ressourcen präventiv dem Entstehen von Stress entgegenwirken.

c. Die dritte Wirkung ist eine Art Pufferfunktion, das heißt, wenn genügend Ressourcen vorhanden sind, können bestehende Belastungen bewältigt werden. Im gegenteiligen Fall würden sie allerdings die Fehlbeanspruchung fördern (vgl. Kauffeld/ Hoppe 2014, S.255f).

Zu den zentralen Aspekten im Umgang mit Herausforderungen zählen möglicherweise persönliche Merkmale wie Selbstwertgefühl, Optimismus, etc. Sie üben einen positiven Einfluss aus, wenn es um das Zurechtkommen mit Stress geht. Außerdem sind Faktoren wie genügend Schlaf bzw. Ruhezeiten, gesundes Essen oder der Verzicht auf Alkohol bzw. Nikotin von entscheidendem Einfluss (vgl. Mild 2013 S.23). Ein Teil des Stresses ist selbst produziert, weil sich Personen manchmal selbst überfordern, das trifft sowohl auf den privaten als auch auf den beruflichen Bereich zu. Aus diesem Grund sind Erholungsphasen und Entspannung wichtig, um motiviert zu bleiben und sich den Herausforderungen zu stellen. Eine Möglichkeit hierfür wäre ein ausgeglichenes Verhältnis zwischen der Freizeit bzw. Familienleben und der Erwerbsarbeit zu schaffen (vgl. Mild 2013, S.249). Folglich lässt sich an dieser Stelle die Differenzierung der Ressourcen von Hobfoll (1998, zit. n. Walter 2006, S.73) anführen:

• Persönlichkeitsmerkmale: zum Beispiel persönliche Überzeugungen, etc.
• Gegenstände: zum Beispiel Wohnung, Haus, etc.
• Bedingungen: zum Beispiel Familienstand, Arbeitsplatzsicherheit, etc.
• Energien: zum Beispiel Geld, Zeit, etc.

Seiner Meinung nach tritt Stress dann auf, wenn die persönlichen und materiellen Ressourcen bedroht, falsch eingesetzt oder verloren gegangen sind, denn dadurch sinkt das vorhandene Kontingent, ohne dass die Depots aufgefüllt werden. In weiterer Folge kann sich dies auf die Persönlichkeit auswirken, vor allem dann, wenn es um die psychische und physische Widerstandsfähigkeit geht. Hobfoll (1998, zit. n. Walter 2006, S.73) sieht die Erfahrung von Ressourcenreduktion als zentrales Kennzeichen von Stress und nicht die von Lazarus (1995) angeführten Komponenten, wie Herausforderung, Bedrohung und Schädigung. Im Gegensatz zu Selye (1981), der von einem Streben nach einem Zustand des Gleichgewichts ausgeht, führt Hobfoll (1998, zit. n. Walter 2006, S.73) das Streben nach Wachstum an. Dieses Wachstum wird erreicht, indem der Aufbau, der Schutz und die Wiederherstellung der Ressourcen gesichert werden. Der Umgang mit Stressoren und Herausforderungen ist demnach abhängig von der Wechselwirkung zwischen Bedürfnissen, Belastungen, Wahrnehmung, Werten, Zeit und Ressourcen (vgl. Walter 2006, S.73).

Ressourcen werden nicht nur im privaten Bereich entwickelt, sondern auch im Erwerbs-
leben.

*„Arbeitsbezogene Ressourcen sind Ressourcen, die aus den verschiedensten Merkmalen der Arbeit
eines Menschen hervorgehen und ihm helfen, Belastungen zu mindern oder ihre Bewältigung zu
erleichtern."* (Nagel 2012, S.33)

Es gibt verschiedene arbeitsbedingte Ressourcen, einige davon seien hier angeführt:
• Tätigkeitsbezogene Ressourcen
  Das sind Ressourcen, die durch wahrgenommene positive Faktoren entstehen. Beispielsweise indem Aufgaben als abwechslungsreich oder vielfältig wahrgenommen
  werden, oder Freiheitsgrade beim Ausführen einer Tätigkeit vorhanden sind. Es ist
  entscheidend, ob eine Person das Gefühl hat, dass sie sich in ihrer Tätigkeit selbstver-
  wirklichen kann, dass diese Tätigkeit sinnerfüllt ist und die Person dafür Belohnung
  und Anerkennung bekommt, etc.

• Organisationsbezogene Ressourcen
  Sie setzen sich aus der Qualität der Aufbaustruktur und den Regelungen innerhalb
  des Betriebes zusammen sowie aus der Planung und Gestaltung der Abläufe und
  Prozesse innerhalb der Organisation.

• Arbeitsbedingungen
  Sie umfassen den Arbeitsplatz selbst, die Einrichtung, aber auch die Platzverhältnisse
  und die Wirkung auf die körperliche Haltung.

• Arbeitsumweltbedingungen
  Darunter versteht man die physikalischen Umgebungsbedingungen wie Lärm,
  Gerüche, Raumklima, etc. sowie das gesamte Ambiente wie die Förderung des Wohl-
  befindens.

• Ausführungsbedingungsbezogene Ressourcen
  Sie entwickeln sich aus der Qualität der Arbeits- bzw. Hilfsmittel sowie deren Aktu-
  alität und Korrektheit, zu verstehen sind darunter zum Beispiel Handbücher (vgl.
  Nagel 2012, S.33)

Im arbeitsbezogenen Kontext sind auch soziale Ressourcen tragend, speziell, wenn man
über mehrere Stunden auf engstem Raum mit hoher Verantwortung zusammenarbeiten
muss. Eine entscheidende Rolle spielt dabei die Führungsebene, wenn innerhalb eines
Teams eine wertschätzende Umgangsform bzw. Kommunikationskultur praktiziert
wird, dadurch kann das soziale Netzwerk als Ressource wahrgenommen werden. Im
Konkreten ist die Führungsebene entscheidend, da diese dem gesamten Team Wert-

schätzung in Form von „Ich interessiere mich für dich und deine Anliegen" gibt. Folglich wirkt sich dies positiv auf das Verhalten des ganzen Teams aus, da ein Grundinteresse am Wohlfühlen der MitarbeiterInnen an ihrem Arbeitsplatz vorherrscht. Am Beispiel einer Crew im Flugzeug würde eine FlugbegleiterIn, die vor dem Flugkapitän Angst hat, sich gründlich überlegen, wenn sie eine Störung wahrnimmt, ob und wie sie eine Mitteilung macht. Im Gegensatz dazu wird die Mitteilung unmittelbar überbracht, wenn eine vertrauensvolle Stimmung herrscht. Bei einem möglichen Defekt am Flugzeug ist jede Minute entscheidend, um einen Zwischenfall abzuwenden oder den Flug ohne großen Schaden weiter auszuführen. Arbeitsteilung, Teamarbeit, kooperatives Arbeitsverhalten, gegenseitige Anerkennung und Respekt, sowohl vor der Person, als auch vor ihrer Tätigkeit, sind entscheidend für die Sicherheitsgewährleistung, vom Verlassen bis zum neuerlichen Erreichen der Parkposition (vgl. Nagel 2012, S.37f).

Zusammenfassend kann gesagt werden, dass jede Person unterschiedliche Wege zur Stressbewältigung bzw. im Umgang mit Stress für sich finden muss. Abschließend werden folglich einige mögliche Punkte aufgelistet:
• Regelmäßige Bewegung fördert das Vitalitätsgefühl und stärkt das Immunsystem.
• Eine bewusste, gesunde und regelmäßige Ernährung gibt dem Körper Kraftstoffe und beugt körperliche Stressreaktionen vor.
• Methoden zum Zeitmanagement unterstützen bei der Integration von Hobbys oder anderen Aktivitäten.
• Stressreduktion durch das bewusste Wahrnehmen von positiven Momenten im eigenen Leben (vgl. Lohaus et al. 2007, S.212f).

Aus der Sicht von Kaluza (2003, zit. n. Beyer/Lohaus 2007, S.19) haben sich für Erwachsene Strategien wie das aktive Problemlösen, die kognitive Umstrukturierung und das Bemühen bzw. in Anspruch nehmen von sozialer Unterstützung bewährt. Personen, die effektive Stressbewältigung praktizieren, verfügen über ein breites Repertoire an Strategien, die flexibel und situationsangemessen zur Anwendung gebracht werden können (vgl. Beyer/Lohaus 2007, S.19).

5 Empirische Untersuchung zur Elternschaft in Pilotenfamilien

Den Anstoß für die vorliegende Datenerhebung gab die Ergründung familiärer Herausforderungen infolge von Einflussfaktoren wie die Mobilität, die Flexibilität und die Entgrenzung. Die Berufsgruppe der Verkehrsflugzeugführer im Linienflugdienst vereinigt viele Herausforderungen wie zum Beispiel unregelmäßige Arbeitszeiten, große Verantwortung, etc. Daher eignen sie sich als repräsentatives Beispiel.

Durch die zunehmende Mobilität, Entgrenzung und Flexibilisierung im beruflichen Alltag ist zu untersuchen, wie sich diese Arbeitsbedingungen mit dem Familienleben vereinbaren lassen und ob mögliche Wechselwirkungen, die in diesem Kontext noch konkretisiert werden, signifikant von Bedeutung sind. Da es noch keine Untersuchungen zu Luftfahrt und Familienleben im pädagogischen Kontext gibt, sind auch keine direkten Vergleichswerte verfügbar.

Für eine repräsentative Datenerhebung über die hier erhobenen Herausforderungen und Bereicherungen für die Piloten bzw. ihre Partnerinnen, ihre familiären Beziehungen, ihre Elternschaft und ihr soziales Umfeld, ist ein Mixed-Method-Design notwendig. Mit der Durchführung von leitfadengestützten Interviews sollte der Forschungsgegenstand qualitativ erfasst werden. Die vier Interviews, die im Juni 2014 mit einem Langstrecken- und einem Kurzstreckenpiloten sowie deren Partnerinnen, geführt wurden, bilden die Basis, auf der die im Dezember 2014 folgende Fragebogenuntersuchung mit 64 Piloten und ihren Partnerinnen aufgebaut ist. Die ProbandInnen beider Erhebungen stammen aus der Steiermark, Kärnten, Niederösterreich, Wien, Tirol und Bayern. Detaillierte Angaben folgen in den jeweiligen Stichprobenbeschreibungen unter Kapitel 5.2.1 und Kapitel 5.3.1.

Mittels der Ergebnisse aus der qualitativen und quantitativen Untersuchung sollen wahrscheinliche Zusammenhänge zwischen Bereicherungen und Herausforderungen der Piloten und ihrer Partnerinnen in Bezug auf ihre Partnerschaft, Elternschaft, Einschränkungen und soziale Lebenswelt unter der Berücksichtigung möglicher Ressourcen und Stressfaktoren dargestellt werden.

Folgende Forschungsfragestellungen wurden diesbezüglich entwickelt:

„Inwieweit beeinflusst ein antizyklischer und unregelmäßiger Arbeitsalltag eines Linienpiloten sein Beziehungsverhalten innerhalb der Familie sowie den gemeinsamen Lebensalltag und Erziehungsauftrag von Eltern?"

„Wie sehen elterliches Stresserleben, Einschränkungen, soziale Lebenswelt und Partnerschaft bei Linienpiloten im Personenluftverkehr und ihren Partnerinnen aus?"

Die erste der beiden Forschungsfragen soll sowohl durch den theoretischen Teil als auch durch die Erkenntnisse aus den qualitativen Daten beantwortet werden, während die zweite Forschungsfrage hauptsächlich mittels der quantitativen Datenerhebung beantwortet werden soll.

5.1 Forschungsdesign

Beim gewählten Forschungsdesign handelt es sich um ein Mixed-Method-Design. Zur Bearbeitung der gestellten Forschungsfragen wurden eine qualitative Untersuchung mittels leitfadengestützter Experteninterviews und eine quantitative Untersuchung mittels Fragebogen gewählt. Das leitfadengestützten Experteninterview stellt die Voruntersuchung zur vorläufigen Ergründung des Forschungsfeldes dar, da es einen Mangel an theoretischer Literatur im pädagogischen Bereich hinsichtlich der Luftfahrt und im Besonderen hinsichtlich der Berufsgruppe der Linienpiloten im Zusammenhang mit ihrem Familienleben gibt. Die gewonnenen Erkenntnisse sollen erste Herausforderungen und Bereicherungen darstellen, mit denen Linienpiloten und ihre Partnerinnen konfrontiert werden. Die vier Interviews bilden somit die Basis, auf der die folgende Fragebogenuntersuchung aufgebaut wird. Ziel der qualitativen Forschung ist der Erwerb eines Eindruckes über die individuellen Unterschiede, infolge der beruflichen Gegebenheiten bei Linienpiloten im Personalluftverkehr und ihren Partnerinnen in Bezug auf ihr Familienleben. Durch die Differenzierung zwischen einem Paar, das mit geringer Abwesenheit des Mannes, und einem Paar, das mit häufiger Abwesenheit des Partners konfrontiert ist, sollen sich auch die Informationen möglicherweise differenzieren lassen. Die daraus folgenden Erkenntnisse dienen, wie schon erwähnt, der Konkretisierung und Differenzierung der Inhalte, die in der folgenden Fragebogenuntersuchung erforscht werden sollen. Die empirischen Erkenntnisse der Experteninterviews werden auch zum Teil in die theoretischen Kapitel in Form von Beispielen eingearbeitet. Zur Auswertung wird die Methode der qualitativen Inhaltsanalyse nach Mayring (2008) gewählt.

Für die erweiterte Analyse wird eine Fragebogenuntersuchung durchgeführt. Diese soll mögliche Ursache-Wirkungs-Beziehungen oder Wechselwirkungen zwischen einzelnen Faktoren aufzeigen. Dabei wird der bereits erprobte Elternstress-Fragebogen (ESF) von Domsch und Lohaus (2010) herangezogen. Die Wahl des Fragebogens erfolgte nach genauer Analyse der einzelnen Items und ihrer Anwendungsmöglichkeiten. Da er bei unterschiedlichen Untersuchungen eingesetzt wurde, lassen sich auch Rückschlüsse auf die Fragestellungen dieser Arbeit machen (vgl. Domsch/Lohaus 2010, S.19). Somit eignet er sich gut, um die elterlichen Herausforderungen und Bereicherungen unter der Berücksichtigung der beruflichen, persönlichen, partnerschaftlichen und familiären Gegebenheiten zu erheben. Die Ergebnisse sollen nicht nur Aufschluss über mögliche belastende Stressmomente, sondern auch über mögliche bereichernde Elemente und ihre Ursachen geben. Die Auswertung erfolgt durch die zweifaktorielle Varianzanalyse und durch Korrelationen, die mit Hilfe der Statistik-Software IBM SPSS Statistics berechnet werden.

Die weitere detailliertere Beschreibung der empirischen Untersuchungen ist chronologisch nach ihrer Durchführung aufgebaut. Bei der Datenerhebung handelt es um eine Kombination, bei der die Informationen der ersten Untersuchung (Interview) durch die Ergebnisse der zweiten Untersuchung (Fragebogen) erweitert und vertieft werden.

5.2 Qualitative Untersuchung: Experteninterviews

5.2.1 Absteckung des Forschungsfeldes/Stichprobe

Hinsichtlich des Auswahlverfahrens für die hier durchgeführten Experteninterviews handelt es sich um eine selektive Stichprobe, da gezielt nach männlichen Piloten und ihren Partnerinnen gesucht wurde. Die Auswahl der Personen beschränkte sich auf einen Linienpiloten mit weniger als 10 Auswärtsübernachtungen pro Monat (Heimschläfer) und einem Linienpiloten mit mehr 10 Auswärtsübernachtungen pro Monat (Auswärtsschläfer) sowie deren Partnerinnen.

Dabei werden zwei Paare befragt. Das erste Paar, das interviewt wurde, ist ein Auswärtsschläfer-Pilot und seine Ehefrau. Die beiden Partner sind 47 und 54 Jahre alt. Das zweite Paar ist ein Heimschläfer-Pilot und seine Lebensgefährtin. Ihr Alter beträgt 41 und 45 Jahre. Beide Piloten sind seit rund 20 Jahren im Flugdienst.

Die InterviewpartnerInnen wurden telefonisch kontaktiert und über das Forschungsvorhaben der Dissertation aufgeklärt. Die Befragten waren bereit, mit ihrem Interview einen Beitrag zu dieser Arbeit zu leisten, so dass weitere Termine vereinbart wurden. Vor dem Interview erfolgten eine genaue Beschreibung des Forschungsvorhabens und die Unterzeichnung der Datenschutzerklärung. Die Interviews wurden im ersten Fall bei den Befragten zu Hause, im zweiten Fall in einem Raum der Universität Graz durchgeführt und mit einem Diktiergerät aufgezeichnet. Die Interviews fanden am 11.Juni 2014 und am 28. Juni 2014 statt.

5.2.1 Messinstrument

Das leitfadengestützte Experteninterview ist ein nicht standardisiertes Interview, bei dem eine Liste offener Fragen als Grundlage dient. Die Gespräche mit den ExpertInnen während der Explorationsphase, führten zu einer ersten Vorstrukturierung des Forschungsvorhabens aufgrund der umfassenden Datenerhebung (vgl. Bogner/Menz 2005, S.7). Die Wahl der Methode basiert auf der Forschungsfrage, da das Ziel der Interviews die Ermittlung von konkreten Informationen zu mehreren Themenbereichen ist. Durchgeführt werden sie in Form eines Kommunikationsprozesses, der einer „natürlichen"

Gesprächssituation entspricht. Zugleich unterliegt er aber deutlich abgegrenzten Regelungen, die wie folgt aussehen:
• konkretisierte Kommunikationsregeln und Konventionen
• feste Rollenverteilung (Interviewer und Interviewter)
• die Person, die die Fragen stellt, leitet den Dialog (vgl. Gläser/Laudel 2004, S.107f).

Die ExpertIn verfügt über ein praktisches Insiderwissen und kann als StellvertreterIn
einer spezifischen Gruppe gesehen werden. Dieser forschungsökonomische Aspekt
erstreckt sich über das weite Feld der Abwicklung solcher Gespräche und wird als unpro-
blematischer Einstieg in das Forschungsfeld betrachtet, da es sich bei den gesuchten
Experten um gesprächsbereite Personen handelt, die sogenannte „Schlüsselpositionen"
einnehmen (vgl. Bogner/Menz 2005, S.7f).

Zu beachten ist dabei, dass die fragende Person ihr Informationsziel erreicht und
zugleich auch die befragte Person Antworten ablehnen darf. Dennoch ist die Intervie-
wpartnerIn dazu angehalten, Auskunft über die gewünschten Inhalte zu geben (vgl.
Gläser/Laudel 2006, S.108). Wichtig ist es dabei zu berücksichtigen, dass die Experten
über ein Spezialwissen verfügen, das nicht immer ein professionelles Wissen ist. Das
heißt, die Beteiligten verfügen in jedem sozialen Kontext über dieses Wissen (vgl. Glä-
ser/Laudel 2006, S.12). Durch das Experteninterview entsteht nicht nur ein unmittel-
barer inhaltlicher Nutzen, sondern auch eine Erweiterung des Feldzuganges. Es ist
damit mehrfach erfolgversprechend (vgl. Bogner/Menz 2005, S.8). Da es sich bei Experteninterviews nicht um reine Informationsgespräche handelt, benötigen sie fundierte
theoretische Bezüge und eine sorgfältige Begründung. Dennoch hat das Experteninterview in dieser Arbeit die Funktion einer Voruntersuchung zu Ermittlung und Eingrenzung der relevanten zu erhebenden Aspekte im Zusammenhang zwischen Fliegerei und
Familie. Durch die begrenzte Reliabilität aufgrund des Leitfadens übernimmt das
Experteninterview lediglich eine sogenannte ergänzende Funktion, da es zur Erschlie-
ßung der Vertiefung des vorwissenschaftlichen Wissens und zur Hypothesengenerie-
rung dient (vgl. Bogner/Menz 2005, S.16ff).

Der Operationalisierungsprozess beginnt bereits bei der Formalisierung und Entwicklung des Leitfadens und ist ein permanenter und spontaner Prozess, der sich durch das
gesamte Interview zieht. In diesem Zusammenhang müssen Improvisationen getätigt
werden. Das heißt, es müssen situationsgebundene und allgemeinere Forschungsfragen
in konkrete Fragestellungen umgesetzt werden und umgekehrt. Die daraufhin erzielten
Informationen müssen danach unter Berücksichtigung ihrer möglichen theoretischen
Bedeutung beurteilt werden. Dabei ist die Herausforderung Anknüpfungspunkte zu
finden, um adäquat weiterfragen zu können. Zugleich soll auch ein spontanes Gesprächs-
verhalten begünstigt werden (vgl. Gläser/Laudel 2006, S.108f).

Die theoriegeleitete Vorgehensweise wird dadurch realisiert, dass die Themen und Fragen sich aus den theoretischen Vorüberlegungen ergeben und dem Informations-
bedürfnis entsprechen. Durch die spezifische Vorbereitung werden die Vorüberlegungen

in der empirischen Erhebung berücksichtigt. Die Offenheit wird durch offene Fragestellungen garantiert, die der interviewten Person Raum für Antworten, die ihren Vorstellungen entsprechen, geben (vgl. Gläser/Laudel 2006, S.112). Hopf (1978) formuliert diesbezüglich vier Anforderungen für das leitfadengestützte Interview:

- Die Fragestellungen sollen Anregungen für die Erzählungen sein, um zu selbstgesteuerten, komplexen und zusammenhängenden Darstellungen zu motivieren.
- Die relevanten Äußerungen müssen im Sinne des Erkenntnisgewinns herausgearbeitet werden, indem die Fragen in spezifischer Form behandelt werden. Denn der Ertrag ist der inhaltliche Gehalt des Interviews.
- Der Leitfaden soll bei der Wiedergabe der affektiven, kognitiven und wertbezogenen Bedeutung von spezifischen Situationen unterstützen.
- Durch die umfangreiche Erfassung der im persönlichen und sozialen Kontext stehenden Reaktionen, wird deren spezifische Interpretation möglich (vgl. Hopf 1978, zit. n. Gläser/Laudel 2006, S.112).

Obwohl sich dadurch ein breites Spektrum an Anwendungsmöglichkeiten bietet, gibt es zwei Einschränkungen:

- Wenn standardisierte Antworten erwartet werden, ist eine Anwendbarkeit durch eine zu große Offenheit nicht möglich.
- Für narrative Analysen ist das Leitfadeninterview nicht offen genug.

Am effektivsten ist seine Anwendung bei rekonstruktionsorientierten Informationsprozessen wie in der vorliegenden Untersuchung (vgl. Gläser/Laudel 2006, S.112).

In diesem Fall handelt es sich um ein „systematisierendes" Experteninterview. Es zielt auf ein exklusives Expertenwissen ab, das aus der Praxis gewonnen wird, aufgrund eines spontanen verfügbaren, kommunizierbaren Handlungs- und Erfahrungswissen. Auf diese Weise ist eine systematische und lückenlose Informationsgewinnung möglich. Die ExpertIn erklärt „objektive" Tatbestände und erläutert ihre Sicht der Dinge über bestimmte Themen. Dieses praktische Fachwissen wird mit Hilfe des ausdifferenzierten Leitfadens erhoben. Dadurch wird eine thematische Vergleichbarkeit möglich (vgl. Bogner/Menz 2005b, S.37f).

Zusammengefasst betrachtet, versteht man unter einem leitfadengestützten Experteninterview das Planen und das Gestalten von Kommunikationsprozessen im „kulturellen" Kontext der Befragten mit dem Ziel, alle notwendigen Informationen zu erhalten. Um dies zu ermöglichen, ist ein vertrauensvolles Gesprächsklima notwendig, da die Basis des Gesprächs auf Freiwilligkeit beruht und jederzeit ein Rücktrittsrecht besteht. Zudem resultiert aus einem angenehmen Gesprächsklima eine höhere Bereitschaft ausführliche wohlüberlegte Angaben und Mitteilungen zu machen. Vertrauensbildende Maßnahmen sind von der ersten Kontaktaufnahme an entscheidend für das Herstellen des erforderlichen positiven und gewinnbringenden Gesprächsprozesses (vgl. Gläser/Laudel 2006, S.110f).

5.2.3 Entwicklung des Interviewleitfadens

Ein Leitfaden kommt zur Anwendung, wenn das Ziel, die Klärung einer Vielzahl an offenen Fragestellungen zu mehreren Themen ist. Zugleich sollen einzelne, genau bestimmbare Informationen erhoben werden (vgl. Gläser/Laudel 2004, S.107). Beides trifft bei dieser Interviewuntersuchung zu. Das Informationsziel bestimmt die Inhalte des Interviews und sorgt dafür, dass sein Verlauf durch entsprechende Fragestellungen gesteuert wird. Dieser Leitfaden dient dazu, eine Bestandsaufnahme über grundlegende und relevante Themen der Zielgruppe aufzugreifen, da diese in der Literatur noch zu wenig erhoben wurden. Die zentralen Themen des Leitfadens sind die Inhalte, die in dieser Dissertation behandelt werden. Dabei berichten die InterviewpartnerInnen über ihre Erfahrungen, Erkenntnisse, Bereicherungen und Herausforderungen. Der Leitfaden ist das Ergebnis einer Operationalisierung.

Die Leitthemen werden in Interviewfragen übersetzt und an den Alltag der InterviewpartnerInnen angepasst. Die Antworten auf diese Fragen enthalten die entscheidenden Informationen, um den sozialen Prozess rekonstruieren zu können, der von Interesse ist, um letztendlich zu den angestrebten Erkenntnissen zu gelangen (vgl. Gläser/Laudel 2004, S.138). Dabei wurden für dieses Forschungsvorhaben zwei Leitfäden angefertigt, die identische Fragestellungen beinhalten. Einmal sind sie auf die Männer und einmal auf die Frauen ausgerichtet.

Die zentralen Themen des Interviewleitfadens sind:
- Berufsbild „Linienpilot"
- Familienbeziehungen
- Stressempfinden
- Herausforderungen

5.2.4 Durchführung der Interviews

Die Interviews werden mittels qualitativer Inhaltsanalyse nach Mayring (2008) ausgewertet. Bei der qualitativen Inhaltsanalyse wird das aus einer Kommunikation gewonnene Material analysiert. Dabei soll man systematisch nach expliziten Regeln vorgehen. Diese ermöglichen die Nachvollziehbarkeit der Analyse. (vgl. Mayring 2010, S.12f).

Im Anschluss wird das inhaltsanalytische Ablaufmodell auf das qualitative Forschungsvorhaben dieser Dissertation angewendet:

- Festlegung des Materials
  Bei der Untersuchung wurden vier leitfadengestützte Experteninterviews geführt. Die Auswertung erfolgt nach den festgelegten Kategorien: Beruf, Anforderungen, Familienleben. Eine detaillierte Beschreibung der einzelnen Kategorien erfolgt unter Punkt 5.2.5.

- Analyse der Entstehungssituation
Die Interviews wurden bei den Interviewten zu Hause und an der Karl-Franzens-Universität in Graz durchgeführt. Die InterviewpartnerInnen wurden persönlich via Telefon kontaktiert und über das genaue Vorhaben sowie das Interview aufgeklärt.

Interview 1: Das erste Interview wurde mit einem Flugkapitän, der der Gruppe der „Auswärtsschläfer" angehört, durchgeführt. Er ist verheiratet und hat zwei Kinder. Interviewort war bei der Familie zu Hause.

Interview 2: Das zweite Interview wurde mit der Ehefrau eines „Auswärtsschläfer" Linienpiloten durchgeführt. Interviewort war bei der Familie zu Hause.

Interview 3: Das dritte Interview wurde mit einem Flugkapitän, der häufig zu Hause nächtigt „Heimschläfer", durchgeführt. Er lebt in einer Lebensgemeinschaft und hat ein Kind. Interviewort war die Karl-Franzens-Universität in Graz.

Interview 4: Das vierte Interview wurde mit der Lebensgefährtin des zweiten Flugkapitäns durchgeführt. Interviewort was die Karl-Franzens-Universität in Graz.

- Formale Charakteristika des Materials
Wie bereits erwähnt, wurden die Interviews mit einem Diktiergerät aufgezeichnet und danach manuell transkribiert. Die folgende Tabelle gibt eine übersichtliche Darstellung der Formalia aller Interviews.

Tabelle 3: Zusammenfassende Darstellung der Experteninterviews

Interview	Gruppe	Datum	Dauer	Zeilen
I1APL1	Linienpilot	11.06.2014	22min. 17sec.	174 Zeilen
I2APP1	Partnerin	11.06.2014	22min. 16sec.	178 Zeilen
I3HPK2	Linienpilot	28.06.2014	30min. 27sec.	206 Zeilen
I4HPP2	Partnerin	28.06.2014	34min. 25sec.	246 Zeilen
Gesamt:				
4	2 Linienpiloten 2 Partnerinnen	Juni 2014	108min. 85sec.	804 Zeilen

- Richtung der Analyse
Das vorhandene Textmaterial wird zur Ermittlung der für das Forschungsvorhaben relevanten Herausforderungen und Bereicherungen bei Linienpiloten und ihren Partnerinnen verwendet und dient als Voranalyse bzw. Voruntersuchung für die darauffolgende Fragebogenuntersuchung.

- Theoretische Differenzierung der Fragestellung
Nach Mayring bedeutet dieser Punkt *„[...] dass die Fragestellung der Analyse vorab genau geklärt sein muss, theoretisch an die bisherige Forschung über den Gegenstand angebunden und in aller Regel in Unterfragestellungen differenziert werden muss"* (Mayring 2003, S.52, zit. n. Lamnek 2010, S.472). Bei dieser qualitativen Untersuchung wird die folgende Fragestellung als Ausgangspunkt für die Differenzierung verwendet:

„Inwieweit beeinflusst ein antizyklischer und unregelmäßiger Arbeitsalltag eines Piloten sein Beziehungsverhalten innerhalb der Familie sowie den gemeinsame Lebensalltag und Erziehungsauftrag von Eltern?"

Daraus ergeben sich folgende Leitfragen:
- Wie sieht das Familienleben aus?
- Wie sieht das Berufsbild bzw. der berufliche Alltag aus?
- Welchen Einfluss haben die beruflichen Gegebenheiten auf die Familienbeziehungen?
- Welche Belastungen und Bereicherungen wirken?

Die Auswahlkriterien sind in Verbindung mit den Forschungsfragen und dem theoretischen Hintergrund ermittelt worden und werden unter Punkt 5.2.5 genauer beschrieben.

- Bestimmung der Analysetechnik
Das Ausgangsmaterial wird nach den Schwerpunkten der Zusammenfassung und Strukturierung der qualitativen Inhaltsanalyse ausgewertet. Zuerst wird das Material paraphrasiert und generalisiert und danach nach folgenden Auswertungskategorien, die im Vorfeld bestimmt wurden, strukturiert: Beruf, Anforderungen und Familienbeziehungen. Diese werden unter Punkt 5.2.6 näher beschrieben und abgegrenzt.

- Definition der Analyseeinheit
Die transkribierten Interviews werden nach den vorhin aufgezählten Kategorien ausgewertet. Dabei werden Textstellen, die sich auf den Zusammenhang von Beruf des Linienpiloten und familiären Beziehungen bzw. Anforderungen beziehen, beachtet. Eine detaillierte Darstellung der Kategorien ist unter Kapitel 5.2.7 zu finden.

- Analyse des Materials
Das Interviewmaterial wird paraphrasiert und generalisiert nach der qualitativen Inhaltsanalyse und nach den Auswahlkategorien strukturiert.

- Interpretation
Die Ergebnisse der vorhin beschriebenen Auswertung werden so interpretiert, dass sie für die Forschungsfragen und die folgenden Fragebogenuntersuchung relevant sind.

Die ausgewerteten Interviews werden miteinander verglichen und fallübergreifend generalisiert, um so eine Gesamtdarstellung der Fälle zu erhalten.

5.2.5 Abgrenzung der Auswertungskategorien

Für die strukturierte und zusammenfassende Auswertung der transkribierten Leitfadeninterviews definiert Lamnek Kategorien, Ankerbeispiele und Kodierregeln als Kriterium (vgl. Lamnek 2010, S.478).

Die drei Auswertungskriterien (Beruf, Anforderungen, Familienleben) wurden nach der Literaturrecherche und folgender Forschungsfrage ausgewählt:

„Inwieweit beeinflusst ein antizyklischer und unregelmäßiger Arbeitsalltag eines Piloten sein Beziehungsverhalten innerhalb der Familie sowie den gemeinsamen Lebensalltag und Erziehungsauftrag von Eltern?"
Die Schlagwörter der Forschungsfrage sind:
• Beruf
• Anforderung
• Familienleben
• „unabhängige Faktoren"

In der Literaturrecherche ergaben sich dazu folgende Schlagwörter, die zur Kategorienbildung beitrugen:
• Berufliche Eigenschaften
• Arbeitsbedingungen
• Vorannahmen
• Eltern-Kind-Beziehung
• Partnerschaft
• Soziale Lebenswelt
• Belastung
• Bereicherung
• Zeitmanagement
• Emotionale Balance

Um diese abzudecken, wurden sie im theoretischen Teil näher behandelt und anschließend mit den Auswertungskategorien der Literaturrecherche in Verbindung gebracht. Die Zuordnung wurde folgendermaßen vorgenommen:
• Beruf
  – Berufliche Eigenschaften
  – Vorannahmen
• Arbeitsbedingungen
• Anforderungen
  – Bereicherung
  – Belastung
  – Zeitmanagement

- Familienleben
  - Eltern-Kind-Beziehung
  - Partnerschaft
  - Soziale Lebenswelt

Im Anschluss werden die vier Auswertungskriterien anhand der genannten Kriterien von Lamnek genauer beschrieben:

- Kategorie BERUFLICHE EIGENSCHAFTEN:
  Diese Kategorie beschreibt den Beruf des Linienpiloten und die dazugehörige Arbeitssituation, den Arbeitsprozess sowie die eigene Motivation. Die theoretischen Bezüge sind unter Punkt 3.1 dieser Dissertation genauer beschrieben. Als Ankerbeispiel wird ein Zitat eines Piloten angeführt:

  „Meiner Meinung nach sind Stressresistenz, Übersichtigkeit, konkrete Planung, vorausschauendes Arbeiten uvm. wichtige Eigenschaften für einen Flugkapitän." (I1APL1, Zeile 20–24).

- Kategorie VORANNAHMEN:
  Diese Kategorie fokussiert auf die Vorurteile und Sichtweisen, die Außenstehende vom Berufsfeld „Pilot" haben sowie auf sehr subjektive Ansichten von Vertretern der Berufsgruppe.
  Die theoretischen Bezüge sind detto unter Punkt 3.1 dieser Dissertation genauer beschrieben. Als Ankerbeispiel dient das Zitat der Partnerin eines Piloten:

  „Außenstehende unterstellen uns viel Freizeit. Da diese nicht erkennen, dass wir oft 24 Stunden durcharbeiten oder häufig Nachtdienste anfallen. Ein weiteres Vorurteil ist ein sehr hohes Gehalt. Ich verbinde den Beruf mit Abenteuer und Reisen." (I2APP1, Zeile 24–31).

- Kategorie ARBEITSANFORDERUNGEN:
  Die Kategorie >Arbeitsanforderungen< beschreibt die individuelle Wahrnehmung des Arbeitsprozesses im Berufsfeld.
  Die theoretischen Bezüge sind unter Punkt 3.2 genauer beschrieben. Als Ankerbeispiel sei wieder ein Zitat eines Piloten genannt:

  „Meine berufliche Position im Flugzeug ist die des Flugkapitäns. Ich sehe meine Arbeit als meine Berufung." (I1APL1, Zeile 9–13).

- Kategorie BEREICHERUNG:
  Die Kategorie >Bereicherung< zeigt Begebenheiten, Situationen bzw. Ressourcen, die das Familien- und Berufsleben positiv beeinflussen bzw. vorteilhaft sind.
  Die theoretischen Bezüge sind wiederum unter Punkt 3.2 genauer beschrieben. Als Ankerbeispiel sei ein Zitat einer Partnerin ausgewählt:

„Wir können uns gut absprechen, da ich im selben Beruf bin. Wir sind immer einer Meinung, und wir können uns immer gegenseitig beraten oder Tipps geben. Das ist ganz praktisch." (I2APP1, Zeile 117–119).

- Kategorie BELASTUNG:

Die Definition der Kategorie >Belastung< beinhaltet die schwierigen und belastenden Einflüsse des Berufslebens, die auf das Privatleben wirken. Die theoretischen Bezüge wurden unter Punkt 3.2 ausgeführt. Hier werden als Ankerbeispiel die Aussagen eines Piloten angeführt:

„Ob meine Abwesenheit Auswirkungen hat, das weiß sie glaube ich selber nicht. Einerseits ist es gut so, andererseits beklagt sie sich dann, dass ich nicht da bin. Sie versteht nicht, dass ich dann auch wieder ganze Tage zu Hause bin. Da ist sie wieder so emotional." (I3HPK2, Zeile 124–127).

- Kategorie ZEITMANAGEMENT:

Die Kategorie >Zeitmanagement< beschreibt die Zeiteinteilung und -gestaltung einzelner Personen bzw. der Familie.

Die theoretischen Bezüge sind unter den Punkten 3.2 und 3.4 dieser Dissertation skizziert. Als Ankerbeispiel dient das Zitat einer Partnerin eines Piloten:

„Ich habe das Gefühl immer zu wenig Freizeit zu haben. Das ist firmenbedingt, weil wir sehr viel arbeiten müssen, vor allem im Nachtdienst. Im Schichtdienst ist das so. Ich bin ein klassischer Nichtstuer, und ich richte mir alles so ein, dass nur gemacht wird, was sich ausgeht, alles andere bleibt liegen." (I2APP1, Zeile 92–95).

- Kategorie PARTNERSCHAFT:

Diese Kategorie beschreibt die individuelle Einschätzung der Paarbeziehung. Die theoretischen Bezüge sind unter den Punkten 2.3.1 und 3.3 beschrieben. Als Ankerbeispiel sei das Zitat einer Partnerin angeführt:

„Ich habe ihn in erster Linie als Mann gern, lieb habe, lieben, wie man auch nach so einer langen Zeit auch immer sagt. Ich fühle mich zu ihm hingezogen." (I4HPP2, Zeile 160–162).

- Kategorie ELTERN-KIND-BEZIEHUNG:

Die Kategorie >Eltern-Kind-Beziehung< beschreibt die familiäre Situation und die bestehenden Beziehungen und Bindungen zwischen den Eltern und ihren Kindern. Das theoretische Gerüst hierzu findet man unter den Punkten 2.3.3 und 3.3. Hier die Aussage eines Linienpiloten als Ankerbeispiel:

„Ich glaube die Beziehung zwischen meiner Frau und den Kindern ist enger. Sie lernt sehr viel mit der jüngeren Tochter. Das fördert die Bindung. Die Beziehung zwischen mir und meiner älteren Tochter ist enger, da wir beide uns ähnlich sind und uns gut verstehen" (I1APL1, Zeile 76–82).

• Kategorie SOZIALE LEBENSWELT:

Diese Kategorie beschreibt die Familienmitglieder der Herkunftsfamilie und die Freunde, mit denen Zeit verbracht wird oder die die Kernfamilie unterstützen.

Die theoretischen Bezüge wurden unter den Punkten 2.3.3 und 3.3 abgehandelt. Als Ankerbeispiel dient das Zitat einer Pilotenpartnerin:

„Wir bekommt Unterstützung von den Omas und Opas." (I4HPP2, Zeile 148-150).

5.2.6 Auswertung der Interviews

<u>1. Kategorienzuordnung:</u>

Der erste Teil der Auswertung besteht aus der Einteilung der Transkription in Sequenzen. Danach wird eine Generalisierung durchgeführt. Zum Schluss erfolgt die Zuteilung zu einer Auswertungskategorie. Diese Auswertungsform wird bei allen vier transkribierten Interviews angewendet und übersichtlich in Tabellen dargestellt. Dies sieht wie folgt aus:

Tabelle 4: Auszug aus dem Auswertungsschritt Kategorienzuordnung I1APL1

Sequenz	Zeile	Paraphrase	Generalisierung	Kategorie
1	9–13	Meine berufliche Position im Flugzeug, ist die des Flugkapitäns. Ich sehe meine Arbeit als meine Berufung.	Flugkapitän. Arbeit ist Berufung	Arbeits-anforderungen
2	13–18	Unter der Arbeit eines Verkehrsflugzeugführers wird der Transport von Menschen von einem Zielort zu einem anderen verstanden. Es ist nicht nur die gute Zusammenarbeit der beiden Piloten wichtig, sondern auch die mit den Flugbegleitern. Wichtigster Arbeitspunkt neben der Sicherheit ist die Wirtschaftlichkeit.	Bedeutsam ist die Zusammenarbeit in der Crew, Sicherheit und Wirtschaftlichkeit	Arbeits-anforderungen
3	20-24	Meiner Meinung nach sind Stressresistenz, Übersichtigkeit, konkrete Planung, vorausschauendes Arbeiten uvm. wichtige Eigenschaften für einen Flugkapitän.	Stressresistenz, Übersichtigkeit, konkrete Planung, vorausschauendes Arbeiten	Berufliche Eigenschaften

2. Strukturierung der Kategorien:

Es wird eine Strukturierung der Kategorien vorgenommen. Dabei wird die Auswertung jedes der vier Interviews nach den Auswertungskategorien zusammengefasst.

Zum Beispiel:

• Kategorie Berufliche Eigenschaften I3HPK2
• Kategorie Vorannahmen I3 HPK 2
• Kategorie Arbeitsanforderungen I3HPK2
• …

Tabelle 5: Auszug aus der Kategorie „Berufliche Eigenschaften"/I3HPK2

Sequenz	Zeile	Hauptkategorie	Generalisierung
1	9–13	Berufsbild „Linienpilot"	Umgang mit Standardisierung.
2	15–17	Berufsbild „Linienpilot"	Genaues Einhalten von Vorschriften.
4	28–29	Berufsbild „Linienpilot"	Struktur, analytisches Denken, räumliches Vorstellungsvermögen und Belastbarkeit.
7	42–46	Berufsbild „Linienpilot"	24 Jahre Berufserfahrung.

Tabelle 6: Auszug aus der Kategorie „Vorannahmen"/I3HPK2

Sequenz	Zeile	Hauptkategorie	Generalisierung
6	37–42	Berufsbild „Linienpilot"	Piloten haben Beziehungen mit Flugbegleiterinnen. Traumberuf, der mit vielen Reisen verbunden ist. Der Beruf ist anspruchsvoll, da die wirtschaftliche Situation nicht außer Acht gelassen werden darf.
11	58–60	Berufsbild „Linienpilot"	Heutiges Fliegen ist aufgrund des Autopiloten einfacher.

Tabelle 7: Auszug aus der Kategorie „Arbeitsanforderungen"/I3HPK2

Sequenz	Zeile	Hauptkategorie	Generalisierung
3	19–26	Berufsbild „Linienpilot"	Minimale fachspezifische Kommunikation zwischen den Crewmitgliedern. Kritik führt zu Verstimmungen.
8	50–53	Berufsbild „Linienpilot"	Es gibt unangenehme Destinationen. Es ist anstrengend an einem Tag vier oder fünf Ziele anzufliegen.
10	54–56	Berufsbild „Linienpilot"	Anfänger stellen eine Herausforderung dar.
12	62–68	Berufsbild „Linienpilot"	Anzahl der freien Tage ist vom Beschäftigungsausmaß abhängig. Wechselnde Dienstzeiten und -Tage.
13	68–70	Berufsbild „Linienpilot"	Keine geregelten und gleichbleibenden Arbeitstage bzw. -Zeiten.
14	72–74	Berufsbild „Linienpilot"	Eine gewisse Anzahl an freien Tagen kann selbst bestimmt werden.
41	166–174	Herausforderungen	Herausforderungen sind Umschulungen auf einen anderen Flugzeugtyp, Checkflüge, zwischenmenschliche Interaktionen und technische Probleme. Im normalen Flugalltag sind die Abläufe bekannt.
52	197–204	Herausforderungen	Bewusstsein über die Verantwortung. Kein Belastungsempfinden durch fliegerische Gegebenheiten

3. Kategoriensammlung:

Unter diesem Punkt werden anhand der Kategorienzuordnung alle vier Interviews zusammengefasst.

Kategorie: Berufliche Eigenschaften

Berufliche Eigenschaften aus der Sicht eines Langstreckenpiloten

Tabelle 8: Interview 1 APL1

Sequenz	Zeile	Hauptkategorie	Generalisierung
3	20–24	Berufsbild „Linienpilot"	Stressresistenz, Übersicht konkrete Planung, vorausschauendes Arbeiten.
5	36	Berufsbild „Linienpilot"	25 Jahre Berufserfahrung.

Berufliche Eigenschaften aus der Sicht eines Kurzstreckenpiloten

Tabelle 9: Interview 3 HPK2

Sequenz	Zeile	Hauptkategorie	Generalisierung
1	9–13	Berufsbild „Linienpilot"	Umgang mit Standardisierung.
2	15–17	Berufsbild „Linienpilot"	Genaues Einhalten von Vorschriften.
4	28–29	Berufsbild „Linienpilot"	Struktur, analytisches Denken, räumliches Vorstellungsvermögen und Belastbarkeit.
7	42–46	Berufsbild „Linienpilot"	24 Jahre Berufserfahrung.

Berufliche Eigenschaften aus der Sicht der Partnerinnen

Tabelle 10: Interview 2 APP1

Sequenz	Zeile	Hauptkategorie	Generalisierung
3	20–22	Berufsbild „Linienpilot"	Disziplin, körperliche Gesundheit, Stressresistenz und Gelassenheit.

Tabelle 11: Interview 4 HPP2

Sequenz	Zeile	Hauptkategorie	Generalisierung
1	8-10	Berufsbild „Linienpilot"	Der Partner ist Flugkapitän.
11	37-49	Berufsbild „Linienpilot"	Genauigkeit, Disziplin, technisches Verständnis, Flexibilität, gute Gesundheit, Konzentration, Spontaneität, gute Sprachkenntnisse im Englischen, Bereitschaft für ein unregelmäßiges Leben und dafür ein offener Mensch sein.

Die gesamte Auswertung der Interviews ist im Anhang zu finden.

Im anschließenden Teil folgt die Interpretation der ausgewerteten Interviews. Dabei wird jede einzelne Kategorie gesondert behandelt. Dazu wird auch ein Bezug zu den Forschungsfragen hergestellt. Es werden die Sichtweisen des Kurzstreckenpiloten, des Langstreckenpiloten und ihrer Partnerinnen jeweils gesondert dargestellt und interpretiert, damit sie im Anschluss miteinander verglichen werden können. Zur Interpretation werden die für die Darstellung des Berufs und der familiären Situation relevanten Generalisierungen verwendet.

5.2.7 Auswertungsergebnisse der Interviews

5.2.7.1 Interpretation der Kategorie >Berufliche Eigenschaften<
Der Bezug zur Forschungsfrage ergibt sich aus der Beschreibung des Berufs des Linienpiloten und der dazugehörigen Arbeitssituation und des Arbeitsprozesses sowie der eigenen Motivation.

>Berufliche Eigenschaften< aus der Sicht eines Langstreckenpiloten
Er hat 25 Jahre Berufserfahrung und führt als wichtigste berufliche Eigenschaften Stressresistenz, Übersichtlichkeit, eine konkrete Planung und vorausschauendes Arbeiten an.

>Berufliche Eigenschaften< aus der Sicht eines Kurzstreckenpiloten
Er hat 24 Jahre Berufserfahrung. Aus seiner Sicht sind analytisches Denken, räumliches Vorstellungsvermögen, Belastbarkeit, Umgang mit Standardisierung und das genaue Einhalten von Vorschriften für das Ausüben des Berufs die wichtigsten Eigenschaften.

>Berufliche Eigenschaften< aus der Sicht der Partnerinnen

Die Partnerin des Langstreckenpiloten sieht Disziplin, körperliche Gesundheit, Stressresistenz und Gelassenheit als wichtigste Piloteneigenschaften an. Die Partnerin des Kurzstreckenpiloten betrachtet Genauigkeit, Disziplin, technisches Verständnis, Flexibilität, gute Gesundheit, Konzentration, Spontaneität, gute Sprachkenntnisse in Englisch, die Bereitschaft für ein unregelmäßiges Leben und Offenheit, als entscheidende Eigenschaften für einen Piloten.

Zusammenfassung der Kategorie >Berufliche Eigenschaften<

In den Aussagen aller vier InterviewpartnerInnen wird großer Wert auf die Genauigkeit in der Vorausplanung sowie auch in der Arbeitsweise während des Fluges gelegt. Außerdem sind Eigenschaften wie Flexibilität, mathematisches und technisches Grundverständnis, physische und psychische Belastbarkeit, gute Sprachkenntnisse in Englisch und eine hohe soziale Kompetenz wichtig.

Zusammenfassende Schwerpunkte der Kategorie >Berufliche Eigenschaften<

- Konkrete Vorstellungen vom Berufsfeld
- Piloten und ihre Partnerinnen haben ähnliche Ansichten über das Berufsbild des Piloten.
- Die Partnerinnen haben genaue Vorstellungen von den notwendigen beruflichen Eigenschaften.

5.2.7.2 Interpretation der Kategorie >Vorannahmen<

Die Kategorie ergibt sich aus den möglichen Vorurteilen und Sichtweisen, die Außenstehende vom Berufsfeld „Verkehrsflugzeugführer" haben sowie aus den sehr subjektiven Ansichten von Vertretern der Berufsgruppe. Der Bezug zur Forschungsfrage ergibt sich somit durch den Bezug zum Berufsfeld des Linienpiloten.

>Vorannahmen< aus der Sicht eines Langstreckenpiloten

Er wurde mit der Vorannahme konfrontiert, dass Piloten nicht viel arbeiten müssen, da ohnehin der Autopilot einen Großteil der Arbeit macht. Deshalb sei auch ihr Gehalt viel zu hoch.

>Vorannahmen< aus der Sicht eines Kurzstreckenpiloten

Die Vorurteile, die er aus seinem Umfeld zu hören bekam sind die, dass Piloten und Flugbegleiterinnen Beziehungen miteinander haben. Aber auch das Vorurteil, dass das „Fliegen" ein Traumberuf sei, da man so sehr viel und weit reisen könne. Der Beruf ist anspruchsvoll durch die Berücksichtigung der wirtschaftlichen Situation von Seiten der Fluggesellschaft. Auch ihm wurde unterstellt, dass das Fliegen heute viel einfacher sei durch den Autopiloten.

>Vorannahmen< aus der Sicht der Partnerinnen

Die Vorannahmen über den Beruf, die die Partnerin des Langstreckenpiloten in ihrem Umfeld vernommen hat, sind die folgenden: viel Freizeit, hohes Gehalt, die Reisemöglichkeiten und der Umstand, dass Außenstehende diesen Beruf nicht verstehen. Sie ist der Meinung, dass ihr Mann durch seinen Beruf und den dafür erforderlichen Eigenschaften den gemeinsamen Kindern Zielstrebigkeit vermittelt. Die Partnerin des Kurzstreckenpiloten glaubt einen Einblick in das Berufsleben ihres Mannes zu haben, da sie schon mit ihm mitgeflogen ist. Sie glaubt aber selbst in keiner Weise für den Beruf geeignet zu sein. Sie findet seinen Beruf anziehend und faszinierend. Als Vorurteile mit denen sie in ihrem Umfeld konfrontiert wurde, zählt sie auf: Piloten seien arrogant und überheblich und hätten Beziehungen mit ihren Flugbegleiterinnen.

Zusammenfassung der Kategorie >Vorannahmen<

Aus der Sicht der beiden Piloten geht hervor, dass ihre Arbeit nicht gewürdigt wird, sondern eher durch die Ansicht abgewertet würde, dass der Autopilot die eigentliche Arbeit, d.h. das Fliegen durchführt. Sie hätten ein hohes Gehalt, könnten viele Reisen unternehmen und hätten dazu viel Freizeit. Daher wird der Beruf als „Traumberuf" erachtet. Außerdem wird ihnen unterstellt, Beziehung mit den Flugbegleiterinnen zu haben. Die meisten dieser Aspekte stimmen auch mit den Berichten ihrer Partnerinnen überein. Durch seine Arbeit kann der Vater seinen Kindern eine gewisse Zielstrebigkeit vermitteln, so die Ansicht einer der beiden Partnerinnen. Außerdem übt der Beruf eine gewisse Faszination und Anziehung auf Außenstehende aus, selbst wenn man keinen genauen Einblick in den Berufsalltag und den dazugehörigen Verfahren hat.

Zusammenfassende Schwerpunkte der Kategorie >Vorannahmen<

- wenig Arbeit durch den Einsatz des Autopiloten
- hohes Gehalt
- Beziehungen zu Flugbegleiterinnen
- viel Freizeit
- umfangreiche Reisemöglichkeiten
- faszinierender und anziehender Beruf
- Piloten sind arrogant und überheblich
- anspruchsvolle Tätigkeit

5.2.7.3 Interpretation der Kategorie >Arbeitsanforderungen<

Die Kategorie >Arbeitsanforderungen< beschreibt die individuelle Wahrnehmung des Arbeitsprozesses im Berufsfeld und die eigene Motivation. Der Bezug zur Forschungsfrage ergibt sich durch die Darstellung der beruflichen Gegebenheiten.

>Arbeitsanforderungen< aus der Sicht eines Langstreckenpiloten

Er ist Flugkapitän und sieht seine Arbeit als Berufung. Zu den wichtigsten Arbeitsanforderungen gehören für ihn, die gute Zusammenarbeit mit der ganzen Crew, Sicherheit und Wirtschaftlichkeit. Er hat ein unregelmäßiges Familien- und Berufsleben durch seine Diensteinteilung bzw. Arbeitszeiten.

>Arbeitsanforderungen< aus der Sicht eines Kurzstreckenpiloten

Er beschreibt seine Arbeitsanforderungen als minimal. Mit der Crew wird eine fachspezifische Kommunikation praktiziert. Anstrengend sei die Arbeit dann, wenn an einem Tag vier oder fünf „Legs" geflogen werden, insbesondere wenn es sich dabei um unangenehme Destinationen handle. Weitere Herausforderungen seien das Einschulen von Anfängern, Umschulungen auf andere Flugzeugtypen, Checkflüge, zwischenmenschliche Interaktionen und technische Probleme im Flugzeug. Der normale Flugalltag stelle keine Belastung dar, da die fliegerischen Abläufe und Gegebenheiten bekannt seien. Die Anzahl der freien Tage seien vom Beschäftigungsausmaß abhängig. Ein Teil davon kann jeden Monat genau bestimmt werden, das sind die sogenannten „Off-Tage". Es gibt keine genau geregelten und gleichbleibenden Arbeitstage bzw. -zeiten.

>Arbeitsanforderungen< aus der Sicht der Partnerinnen

Die Partnerin des Langstreckenflugkapitäns beschreibt seine Arbeit als unregelmäßig. Zu den Arbeitsanforderungen zählen die Lizenz erhaltenden Simulatorenbesuche und die regelmäßigen Überprüfungen, das Einhalten der Sicherheitsvorgaben und der wirtschaftlichen Vorgaben der Fluggesellschaft. Langstreckenpiloten sind immer mehrere Tage hintereinander zu Hause, während Kurzstreckenpiloten häufiger zu Hause sind, aber dann nur kurze Zeit. Daher ändern sich mit dem Wechsel von der Kurz- auf die Langstrecke hauptsächlich die Zeitintervalle, die er zu Hause verbringt.

Die Partnerin des Kurzstreckenpiloten führt als Arbeitsanforderungen auch unregelmäßige Arbeitszeiten und das Fehlen gemeinsamer Wochenenden oder Feiertage an. Alles muss berufsbedingt genau geplant werden. Es können nur gewisse freie Tage individuell eingeteilt werden. Am Ende des Monats werden die Dienstpläne für den folgenden Monat bekannt gegeben. Für ihren Mann ist dieses Leben seit 20 Jahren normal, aber für sie ist die Einstellung darauf herausfordernd.

Zusammenfassung der Kategorie >Arbeitsanforderungen<

Die InterviewpartnerInnen beschreiben eine unregelmäßige und genau geplante Zeiteinteilung. Es besteht die Möglichkeit sich an bestimmten Tagen frei zu nehmen, das muss aber einen Monat im Voraus bekannt gegeben werden. Es gibt jeden Monat einen neuen Dienstplan, der zu Ende des vorangehenden Monats ausgegeben wird. Somit fallen regelmäßige freie Wochenenden oder Feiertage aus. Für jemanden, der dieses Leben seit mehr als 20 Jahren führt, ist diese unregelmäßige Tätigkeit normal. Es wird am Stück mehrere Stunden bzw. Tage gearbeitet und je nach Beschäftigungsausmaß folgen dann mehrere freie Tage. Dies bedingt auch ein unregelmäßiges Familienleben. Zu den weiteren Arbeitsanforderungen zählen die Kommunikation zwischen den Crewmitgliedern, Einschulungen von Copiloten, Umschulungen auf einen anderen Flugzeugtyp, technische Probleme, regelmäßige Überprüfungen im Simulator oder auf der Linie. Der normale Arbeitsalltag bzw. Reiseflug stellt keine große Belastung dar.

Zusammenfassende Schwerpunkte >Arbeitsanforderungen<

- Zusammenarbeit mit der ganzen Crew
- Sicherheitsaspekte berücksichtigen
- Wirtschaftlichkeit nicht außer Acht lassen
- Herausforderungen sind Einschulungen, Umschulungen, technische Probleme, Checkflüge, Simulatorüberprüfungen, zwischenmenschliche Interaktionen
- unregelmäßige Arbeitszeiten und -tage
- konkrete Planung der Arbeits- und Freizeitintervalle

5.2.7.4 Interpretation der Kategorie >Bereicherung<

Die Kategorie >Bereicherung< zeigt Begebenheiten, Situationen bzw. Ressourcen, die das Familien- und Berufsleben positiv beeinflussen bzw. dafür vorteilhaft sind. Der Bezug zur Forschungsfrage ergibt sich durch die Einflussnahme auf das Familien- und das Berufsleben.

>Bereicherung< aus der Sicht eines Langstreckenpiloten

Er ist zufrieden mit seiner Arbeit, obwohl sie anstrengend ist, und er findet die Bezahlung akzeptabel. Seit seiner Kindheit verbringt er seine Freizeit am liebsten am Flugplatz. Dort hat er auch seine Frau kennengelernt. Der Zusammenhang von Familien- und Berufsleben wird als „normal" empfunden, und der berufliche Stress hat keine wahrnehmbaren Auswirkungen auf das Familienleben. Er glaubt, dass sich seine hohe Berufszufriedenheit positiv auf seine Familie auswirkt. Außerdem kennt die Familie keinen regelmäßigen Alltag. Dadurch sind die Kinder flexibel und nehmen zeitliche Abläufe anders wahr. Sie helfen auch zu Hause mit.

>Bereicherung< aus der Sicht eines Kurzstreckenpiloten

Auch er glaubt nicht, dass sein Berufsleben einen negativen Einfluss auf das Familienleben hat. Er hat keine Ausbildungskosten mehr abzuzahlen und einen guten Verdienst. Weitere positive Aspekte sind Vergünstigungen bei Hotelnächtigungen und ein vorteilhafter Arbeits- und Freizeitaspekt.

>Bereicherung< aus der Sicht der Partnerinnen

Die Partnerin des Langstreckenpiloten ist begeistert vom Beruf ihres Mannes. Sie hat Interesse dafür und Verständnis für die Situation ihres Partners. Die beiden haben sich in der Arbeit kennengelernt und unterstützen sich gegenseitig, da sie aus demselben Arbeitsbereich kommen. Als Vorteil sieht sie, dass die Familienmitglieder günstiger mitfliegen können, dass das Einkommen gut ist und viel von den Reiseerlebnissen erzählt wird.

Die Partnerin des Kurzstreckenpiloten sieht den größten Vorteil in der unregelmäßigen Freizeitgestaltung und im überdurchschnittlich hohen Verdienst.

Zusammenfassung der Kategorie >Bereicherung<
Der Beruf bzw. der berufliche Stress wird für das Familienleben nicht als negativ wahrgenommen. Das erste Paar empfindet Begeisterung für den Pilotenberuf und sieht ihn als Bereicherung für das Familienleben bzw. für die Entwicklung ihrer Kinder. Die beiden unterstützen sich gegenseitig. Weitere Vorteile sind ein gutes Einkommen, günstige Hotelnächtigungen und Flüge. Der Arbeits-Freizeitaspekt wird als Bereicherung gesehen, zu diesem Schluss kommt auch das zweite Paar.

Zusammenfassende Schwerpunkte der Kategorie >Bereicherung<
- gutes Einkommen
- vorteilhafter Arbeits-Freizeitaspekt
- kein negativer Einfluss auf das Familienleben durch die Arbeit selbst
- Begeisterung für den Beruf wirkt positiv auf das Familienleben
- diverse Vergünstigungen

5.2.7.5 Interpretation der Kategorie >Belastung<
Die Definition der Kategorie >Belastung< beinhaltet die schwierigen und belastenden Einflüsse des Berufslebens, die auf das Privatleben wirken. Der Bezug zur Forschungsfrage ergibt sich durch die Einflussnahme auf das Berufs- und Privatleben.

>Belastung< aus der Sicht eines Langstreckenpiloten
Die Verantwortung ist sehr hoch, da er als Flugkapitän die alleinige Verantwortung für Zwischenfälle trägt. Aus diesem Blickwinkel steht auch das Gehalt nicht in Relation zur Verantwortung. Da er sehr gerne fliegt, versucht die Fluggesellschaft, diese Begeisterung für zusätzliche Überstunden zu nutzen. Für den Auswärtsschläfer-Piloten ist die Fliegerei wichtiger als die Familie, das weiß auch seine Frau und akzeptiert es auch. Er hat wenig Freizeit und merkt, dass die körperliche Belastung mit dem Alter zunimmt durch für ihn längere Erholungsphasen wichtig geworden sind. Für den Piloten sind die zusätzlichen Aufgaben im Arbeitsbereich Herausforderungen, jedoch nicht das Fliegen selbst.

>Belastung< aus der Sicht eines Kurzstreckenpiloten
Für ihn stellen die unvorhersehbaren Zwischenfälle eine Belastung dar, nicht jedoch der normale Reiseflug. Dabei spielen vor allem das Wetter und die Jahreszeiten eine bedeutende Rolle, da durch ihre Auswirkungen das Fliegen anstrengend sein kann, zum Beispiel bei Gewitter, Nebel oder Schneefall. Seine Partnerin empfindet seine unregelmäßigen Arbeitszeiten als Problem. Als Grund gibt er ihre geregelten Arbeitszeiten (Montag bis Freitag) an. Da sie sich derzeit in Elternkarenz befindet, ist die Situation etwas besser. Seine Belastbarkeit leidet vor allem bei akutem Schlafmangel, zum Beispiel verursacht durch das Kind. Er und seine Partnerin haben unterschiedliche Toleranz-

schwellen hinsichtlich häuslicher Tätigkeiten wie das Putzen. Daher kommt es häufig zu Diskussionen. Er fühlt sich von ihr nicht verstanden und nimmt ihrer Ansicht über seine Abwesenheit ambivalent wahr. Zum einen glaubt er, dass sie ganz froh ist, wenn er nicht zu Hause ist, zum anderen macht sie ihm Vorwürfe, dass er so selten zu Hause ist, wenn sie gerade seine Hilfe bei handwerklichen Tätigkeiten bräuchte. Seine Partnerin versucht sich eine Karriere aufzubauen, der Interviewpartner ist aber nicht davon überzeugt, dass sie dieser Belastung momentan gewachsen ist. Bei dem Gedanken an eine mögliche neue Stationierung empfindet er Stress, da dies mit zahlreichen Problemen verbunden wäre.

>Belastung< aus der Sicht der Partnerinnen

Die Partnerin des Langstreckenpiloten hat ebenfalls den Pilotenschein, ist aber nicht als Pilotin tätig, da für sie ein Berufseinstieg mit Kind in den 1990er-Jahren sehr schwer bis unmöglich gewesen wäre. Neben ihrer Vollzeitbeschäftigung übernimmt sie die Rolle der Organisatorin, Koordinatorin und Planerin von familiären Abläufen. Die Partnerin des Kurzstreckenpiloten empfindet ihre Situation durch das gemeinsame Kind erschwert. Außerdem fehlen ihr gemeinsame Essenszeiten, obwohl dies während der Elternkarenz leichter möglich ist. Sie hat den Eindruck zu wenig Zeit für sich selbst zu haben und fühlt sich stark belastet. Ihre gesamte Lebenssituation empfindet sie als anstrengend, da ihr Familienleben unregelmäßig verlaufe und schwierig zu planen ist und ihr Verhältnis zum Partner ambivalent ist. Sie glaubt durch die unregelmäßige Anwesenheit ihres Partners nur wenig Hilfe von ihm zu bekommen. Sie hat große Probleme mit der Alltagsplanung und -koordination, weil sie immer eine Woche vorausplanen muss. Die Strukturierung und Organisation bleibt immer an ihr hängen, und sie muss ständig geduldig sein. Zwischen den Partnern gibt es ihrer Meinung nach viele Diskussionspunkte durch fehlende Rücksichtnahme seinerseits. Es bleiben aus ihrer Sicht während der Abwesenheit des Partners viele Arbeiten zu Hause liegen.

Zusammenfassung der Kategorie >Belastung<

Die Piloten empfinden eine große Verantwortung und hohe Belastungen bei Zwischenfällen, die nicht in Relation zur Bezahlung stehen. Für den Langstreckenpiloten ist die Fliegerei der wichtigste Bereich in seinem Leben, auch privat. Das weiß seine Frau auch und versteht bzw. akzeptiert die Situation. Außerdem kümmert sie sich gerne um die Planung und Organisation des Familienlebens. Beim zweiten Paar führt sein unregelmäßiger Arbeitsrhythmus zu zahlreichen Diskussionen, Missverständnissen und Konflikten zwischen den Partnern. Die Partnerin ist mit der Planung und Organisation des Familienlebens überfordert und hat Probleme bei der Koordination von Familie und Beruf.

Zusammenfassende Schwerpunkte der Kategorie >Belastung<

- Belastungen durch Zwischenfälle
- die hohe Verantwortung steht nicht in Relation zum Gehalt

- wenig Freizeit bzw. wenig Zeit für sich selbst
- Partnerschaftsprobleme durch unregelmäßige Arbeitszeiten
- hohe körperliche Belastung, daher sind Erholungs- und Schlafphasen wichtig
- nicht immer haben die Partner gegenseitiges Verständnis für die Situation des anderen
- unterschiedliche Ansichten über Belastungen

5.2.7.6 Interpretation der Kategorie >Zeitmanagement<

Die Kategorie >Zeitmanagement< beschreibt die Zeiteinteilung und -gestaltung einzelner Personen bzw. die der Familie. Der Bezug zur Forschungsfrage ergibt sich aus dem Zeitfaktor.

>Zeitmanagement< aus der Sicht eines Langstreckenpiloten

Er nimmt sich Zeit für sich und sieht Sportausübung als Ausgleich an. Um das zu schaffen, sind gute Planung und Disziplin nötig. Für ihn ist ein strukturiertes Zeitmanagement wichtig.

>Zeitmanagement< aus der Sicht eines Kurzstreckenpiloten

Seine Partnerin verbringt primär viel Zeit mit dem Kind alleine und ist zudem erwerbstätig, dadurch verbringt er viel Zeit alleine. Er hätte gerne, dass sie Aufgaben an ihn delegiert. Als stressig und zeitintensiv empfindet er firmenbedingte Umschulungen, da in so einem Fall viel gelernt werden muss. Phasenweise muss er auch mehr arbeiten, dadurch verringert sich seine Freizeit. Außerdem strebt er eine berufliche Veränderung an. Um alle Lebensbereiche so gut wie möglich koordinieren zu können, ist ein strukturiertes Zeitmanagement nötig.

>Zeitmanagement< aus der Sicht der Partnerinnen

Für die Auswärtsschläfer-Partnerin sind die Kinder das Wichtigste in ihren Leben, aber sie glaubt, viel zu wenig Zeit für sie zu haben. Sie versucht aber die verfügbare Zeit bestmöglich zu nutzen. Die regelmäßigen zeitlichen Strukturen sind erst durch die Schule ein Teil des Familienlebens geworden. Ihr Mann hat ihrer Ansicht nach wenig Freizeit, aber auch diese würde er am liebsten gänzlich am Flugplatz verbringen. Für sie ist die Koordination ihrer beiden Dienstpläne wichtig, dabei werden auch kindbezogene Veranstaltungen berücksichtigt. Für die zweite Partnerin ist der unregelmäßige Dienstplan ihres Partners ein Problem, da sie regelmäßige Arbeitszeiten hat. Da Urlaube bereits im Oktober bekannt gegeben werden müssen und später auch nicht mehr geändert werden können, sind für sie spontane Aktionen nicht möglich. Außerdem arbeitet ihr Mann, wenn er als Pilot frei hat, als Berater. Sie hat Probleme bei der Koordination ihrer Arbeit mit der ihres Partners. Sie arbeitet ebenfalls als Beraterin, Trainerin und Coach, derzeit jedoch sehr wenig, da sie in Elternkarenz ist. Durch das Kind wurde sie unflexibler und kann ihren Partner nur selten auf seinen

Flügen begleiten. Sie glaubt zu wenig Freizeit zu haben. Aber in der Zeit, die sie für sich hat, treibt sie Sport zum Ausgleich und zur Erholung, trifft Freundinnen, möchte Gitarrenunterricht nehmen, versucht Fachliteratur zu lesen und würde gerne wieder mit ihrem Partner tanzen gehen.

Zusammenfassung der Kategorie >Zeitmanagement<

Innerhalb der Familien gibt es kaum geregelte zeitliche Strukturen. Daher ist das Zusammenleben mit sehr viel Planung, Organisation und Koordination verbunden. Alle glauben viel zu wenig Freizeit zu haben, versuchen aber die verfügbare Zeit bestmöglich zu nutzen und nach ihren individuellen Bedürfnissen auszurichten. Die Kinder sind ein wichtiger Bezugspunkt, wenn es um die Planung des Familienlebens geht.

Zusammenfassende Schwerpunkte >Zeitmanagement<

- Viel Planung, Organisation und Koordination sind wichtig, um ein gemeinsames Familienleben führen zu können.
- Jeder gestaltet die Zeit, die er oder sie für sich hat, nach individuellen Vorstellungen.

5.2.7.7 Interpretation der Kategorie >Partnerschaft<

Diese Kategorie beschreibt die individuelle Einschätzung der Paarbeziehung und steht in einem direkten Zusammenhang mit der Forschungsfrage.

>Partnerschaft< aus der Sicht eines Langstreckenpiloten

Er versucht durch seine genaue und konkrete Planung gezielt die Zeit mit seiner Partnerin zu nutzen. Das Paar erledigt anfallende Aufgaben je nach Bedarf. Da sie aus seiner Sicht ähnliche Gedankengänge haben, arbeiten sie zu Hause sehr gut zusammen. Sie haben nur eine unterschiedliche Herangehensweise an die Lösungswege. Für ihn ist seine Partnerin ein liebevoller Mensch und sie haben eine sehr enge Beziehung.

>Partnerschaft< aus der Sicht eines Kurzstreckenpiloten

Er übernimmt zu Hause in erster Linie die Rolle des Handwerkers. Bei der Aufteilung seiner Arbeiten hat das Paar Probleme, vor allem wenn es um die Beaufsichtigung des Kindes geht. Seine Partnerin lässt ihm wenig Handlungsspielraum, daher ist er lieber mit seinem Kind alleine zu Hause. Seine Beziehung beschreibt er als konfliktreich und distanziert. Außerdem ist er mit der jetzigen Situation unzufrieden. Einen Grund für die Probleme sieht er in ihrer beruflichen Unzufriedenheit. Er ist nicht bereit, eine genauere Beschreibung seiner Partnerin abzugeben. Für ihn ist sie vor allem emotional. Durch seine berufsbedingte Abwesenheit macht ihm seine Partnerin Vorwürfe, vor allem, wenn sie seine Hilfe bräuchte. Er führt die Konflikte auf ihre konträren Wesenszüge zurück.

>Partnerschaft< aus der Sicht der Partnerinnen

Die Auswärtsschläfer-Partnerin bringt für ihren Partner viel Verständnis auf, was sie darauf zurückführt, dass sie auch einen Beruf mit unregelmäßigen Arbeitszeiten hat. Ansonsten glaubt sie nicht, dass ihr das so einfach fallen würde. Sie kümmert sich gerne um die ganze Familie und ist damit zufrieden. Wenn beide zu Hause sind, versuchen sie so viel Zeit wie möglich zusammen zu verbringen. Sie ist mit ihrer Partnerschaft zufrieden. Ihren Partner beschreibt sie als einen kommunikativen, umgänglichen und problemlosen Menschen. Die Heimschläfer-Partnerin erachtet ihre Beziehung als schwierig. Ihrer Meinung nach sehen sich die beiden Partner zu selten. Sie glaubt aber auch, dass ihr Partner das anders sieht. Die beiden haben eine klare Rollenverteilung, er übernimmt die des Familienernährers und Handwerkers sowie gelegentlich das Einkaufen und Kochen, während sie sich um Haushalt und Kind kümmert. Sie glaubt, dass sie für ihren Partner eine Herausforderung darstellt. Außerdem haben sie Kommunikationsprobleme. Das Paar ist seit 8 Jahren zusammen und hat sich bewusst für das gemeinsame Kind entschieden. Sie liebt ihren Partner und ist relativ zufrieden mit ihrer Partnerschaft. Er wirkt anziehend auf sie und imponiert ihr, weil sie ihn für einen weitblickenden Menschen hält, mit dem man offene Gespräche aller Art führen kann. Sie beschreibt sich selbst als eine direkte, offene, emotionale, anstrengende und chaotische Person. Allerdings glaubt sie, dass sie sich als Partner gut ergänzen, obwohl sie so verschieden sind. Er ist in ihren Augen eher ein rationaler, herausfordernder, liebevoller, attraktiver, sorgender, direkter und perfektionistischer Mensch. Sie glaubt auch, dass ihr Partner sie als emotional beschreiben würde. Eine Beziehung funktioniert aus ihrer Sicht, wenn ein Zusammenhalt vorhanden ist, da so viel voneinander gelernt werden kann. Für sie war sein Beruf auch nie ein Grund für den Beginn ihrer Partnerschaft. Ihre freien Tage verbringen sie berufsbedingt selten zusammen, daher versuchen sie einen gemeinsamen Tag im Monat einzuplanen.

Zusammenfassung der Kategorie >Partnerschaft<

Die Partnerschaft des Auswärtsschläfer-Paares ist eine kooperative und verständnisvolle, bei der die beiden versuchen, einander zu unterstützen und ihre Zeit für gemeinsame Aktivitäten zu nutzen. Sie haben keine klare Aufgabenverteilung. Erledigungen werden nach Priorität gemacht. Die Partnerschaft des Heimschläfer-Paares ist ambivalent. Das Paar verbringt wenig Zeit zusammen, versucht dies aber zu ändern. Es hat eine klare Aufgabenverteilung, so dass seine Arbeit liegen bleibt, wenn er nicht da ist, das führt wieder zu Auseinandersetzungen zwischen den beiden aufgrund des fehlenden gegenseitigen Verständnisses, was die Partnerschaft beeinflusst.

Zusammenfassende Schwerpunkte >Partnerschaft<

- genaue und konkrete Planung der gemeinsamen Zeit
- Absprache bei der Aufgabenverteilung
- Diskussionen bei Verständnisproblemen
- rücksichtvolle Paarbeziehung vs. egozentrierte Paarbeziehung

5.2.7.8 Interpretation der Kategorie >Eltern-Kind-Beziehung<

Die Kategorie >Eltern-Kind-Beziehung< beschreibt die familiäre Situation und die bestehenden Beziehungen und Bindungen zwischen den Eltern und ihren Kindern. Zudem stellt sie einen direkten Bezug zu einer der Forschungsfragen her.

>Eltern-Kind-Beziehung< aus der Sicht eines Langstreckenpiloten
Er empfindet seine Vater-Kind-Beziehung als gut mit einer guten Gesprächsbasis. Er fühlt sich von seinen Kindern unterstützt, da sie zu Hause mithelfen. Eventuelle Streitigkeiten zwischen ihnen hängen von der Tagesverfassung und den emotionalen Stimmungen ab. Er glaubt aber, dass die Mutter-Kind-Beziehung noch enger ist. Wenn er zwischen den beiden Kindern differenziert, so würde er die Beziehung zu seiner älteren Tochter als enger als jene zu seiner jüngeren beschreiben. Im Großen und Ganzen versucht er, sich auf die Kinder in vielerlei Hinsicht einzustellen. Seiner Meinung nach hat der Beruf keine negativen Auswirkungen auf die Vater-Kind-Beziehung. Sie sehen sich zwar unregelmäßig, aber er meldet sich immer zu Hause, wenn er unterwegs ist. Die Kinder gehen seiner Meinung nach unterschiedlich mit der Situation um. Er wird von seiner Familie gemieden, wenn er schlecht gelaunt ist.

>Eltern-Kind-Beziehung< aus der Sicht eines Kurzstreckenpiloten
Ihm ist wichtig, seinem Kind viele Bereiche näher zu bringen. Er glaubt auch nicht, dass seine berufliche Abwesenheit negative Auswirkungen auf die Vater-Kind-Beziehung hat. Außerdem betrachtet er aus diesem Grund die Mutter-Kind- Beziehung als viel enger. Er empfindet das Kind gelegentlich als anstrengend und hat manchmal für es wenig Zeit.

>Eltern-Kind-Beziehung< aus der Sicht der Partnerinnen
Die Auswärtsschläfer-Partnerin merkt an, dass sie beide unterschiedliche Erziehungsstile praktizieren. Die Kinder sind eher unkompliziert, da sie ihre Eltern unterstützen und auch einmal gerne unter sich sind. Sie betrachtet die Vater-Kind-Beziehung als sehr gut und liebevoll. Außerdem glaubt sie, dass er die Kinder viel mehr verwöhnt als sie. Die Kinder haben kein Problem mit seiner Abwesenheit, da es für sie normal ist. Sie sind nichts anderes gewohnt.

Für die Heimschläfer-Partnerin ist ihre Mutterrolle wichtig und ihr Kind der wichtigste Mensch in ihrem Leben. Sie hält ihren Partner für einen guten Vater. Dennoch betrachtet sie ihre Bindung zum Kind als viel enger. Sie glaubt, dass das an seiner häufigen Abwesenheit liegt. Ihr Kind fragt dann auch häufig nach ihm. Sie glaubt auch, dass ihr Partner im Umgang mit dem Kind viel unbeschwerter ist als sie selbst, weil sie eine unterschiedliche Grenzensetzung in der Erziehung haben. Sie sieht „ältere" Mütter als viel verantwortungsbewusster. Er kümmert sich eher selten um das Kind. Sie hat oft sehr viel Stress, und das wirkt sich dann auch auf die Mutter-Kind-Beziehung aus.

Zusammenfassung der Kategorie >Eltern-Kind-Beziehung<

Die Vater-Kind-Beziehung wird durch seine Abwesenheit beeinflusst, jedoch stellt sie nicht unbedingt ein Problem dar. Da alle Kinder von Geburt an gewohnt sind, dass der Vater unregelmäßig zu Hause ist, arrangieren sie sich mit der Situation. Allerdings sehen beide Piloten die Mutter-Kind-Beziehung als enger. Bei beiden Paaren werden unterschiedliche Erziehungsstile bei den Partnern angeführt.

Zusammenfassende Schwerpunkte >Eltern-Kind-Beziehung<

- gute Eltern-Kind-Beziehung
- Die Arbeit des Vaters und seine damit verbundene Abwesenheit hat keinen grundlegenden negativen Einfluss auf die Vater-Kind-Beziehung
- sehr enge Mutter-Kind-Bindung
- unterschiedliche Erziehungsstile

5.2.7.9 Interpretation der Kategorie >Soziale Lebenswelt<

Diese Kategorie beschreibt die Familienmitglieder der Herkunftsfamilie und die Freunde, mit denen Zeit verbracht wird oder die die Kernfamilie unterstützen. Sie stellt damit einen direkten Bezug zur Forschungsfrage dar.

>Soziale Lebenswelt< aus der Sicht eines Langstreckenpiloten

Das Paar hat keine spezifische Arbeitsteilung. Er beschreibt ein gutes soziales Netzwerk, vor allem wenn es um die Betreuung der Kinder geht. Es besteht aus Verwandten, die mithelfen und unterstützen. Damit das so gut funktioniert, haben sie sich sehr früh um adäquate Kinderbetreuungsmöglichkeiten gekümmert, die auch bei Notfällen spontan zur Verfügung stehen.

>Soziale Lebenswelt< aus der Sicht eines Kurzstreckenpiloten

Er hält den Kontakt zu seinen Freunden aufrecht und verbringt derzeit seine Freizeit meistens mit ihnen. Mit seinen Freunden macht er manchmal Urlaub. Zudem macht er mit seiner Partnerin Urlaub.

>Soziale Lebenswelt< aus der Sicht der Partnerinnen

Die Auswärtsschläfer-Partnerin nutzt ihr soziales Netzwerk auch für die Kinderbetreuung, vor allem durch Heranziehung der Großeltern und Geschwister, die eine große Hilfe sind. Dies ist nur möglich, weil sie aus ihrer Sicht vorausschauend geplant hat und sich rechtzeitig um die Kinderbetreuung gekümmert hat. Auch die Heimschläfer-Partnerin führt die Unterstützung durch die Großeltern als eine große Bereicherung an.

Zusammenfassung der Kategorie >Soziale Lebenswelt<

Die soziale Lebenswelt beider Familien wird vor allem für die Betreuung der Kinder genutzt, speziell wenn beide im Schichtdienst arbeiten. Die Freizeit wird gerne mit

Freunden verbracht. Ein gut funktionierendes soziales Netzwerk ist in Ausnahmesituationen entscheidend.

Zusammenfassende Schwerpunkte der Kategorie >Soziale Lebenswelt<
- Unterstützung durch Großeltern und Verwandte
- Pflege von Freundschaften

5.3 Fragebogenerhebung

5.3.1 Stichprobe

Die Versuchsgruppe für die empirische Fragebogenuntersuchung bildet eine Stichprobe aus 64 Paaren (128 Personen). Die befragten Männer sind im Alter zwischen 30 und 68 Jahren und die Frauen zwischen 27 und 51 Jahren. Damit lag der Altersdurchschnitt bei den Männern bei rund 42 Jahren und bei den Frauen bei rund 39 Jahren. Daraus ergibt sich, dass die Männer im Durchschnitt rund 3 Jahre älter sind als ihre Partnerinnen (siehe Abbildungen 10 und 11).

Die Eltern haben mindestens ein Kind im Alter zwischen Null und vierzehn Jahren und leben in einer Partnerschaft. Dabei wird zwischen drei Kategorien unterschieden:
1. Kategorie „Verheiratet" 82,8 % (n=53)
2. Kategorie „Feste Partnerschaft" 12,5 % (n=8). Gemeint ist eine feste Lebenspartnerschaft ohne Trauschein mit gemeinsamem Wohnsitz.
3. Kategorie: „Lose Partnerschaft" 4,7 % (n=3). Gemeint ist eine lockere nicht klar fixierte Lebenspartnerschaft.

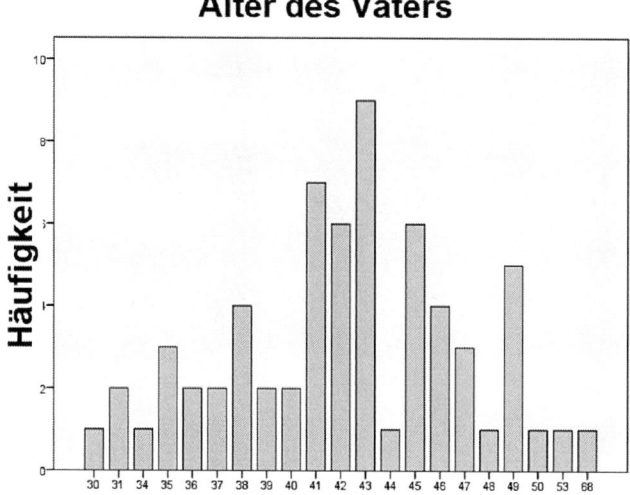

Abbildung 4: Altersverteilung der Väter

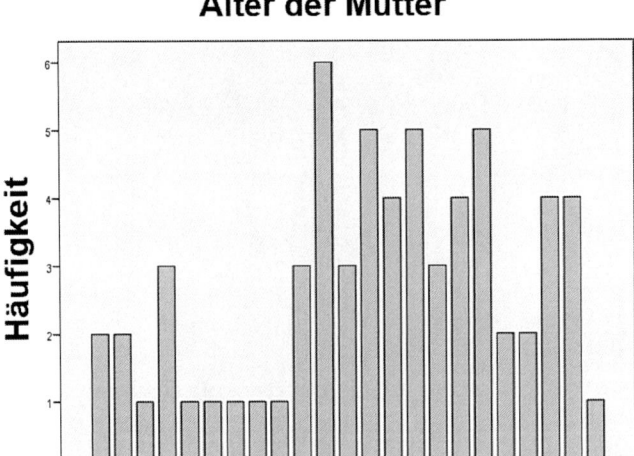

Abbildung 5: Altersverteilung der Mütter

Alle befragten Männer haben eine gültige Lizenz als Verkehrsflugzeugführer und sind noch im aktiven Dienst. Unterschieden wird bei den Piloten zwischen Heim- und Auswärtsschläfern. Die Gruppe der Heimschläfer umfasst jene Piloten, die weniger als 10 Nächte pro Monat berufsbedingt außerhalb ihres Daheims nächtigen. Die Auswärtsschläfer-Gruppe umfasst die Piloten, die mehr als 10 Nächte pro Monat berufsbedingt außerhalb (in Hotels) nächtigen. Die Gruppe der Heimschläfer umfasst 57,8 % (n= 37), die der Auswärtsschläfer umfasst 42,2 % (n=27) der Befragten.

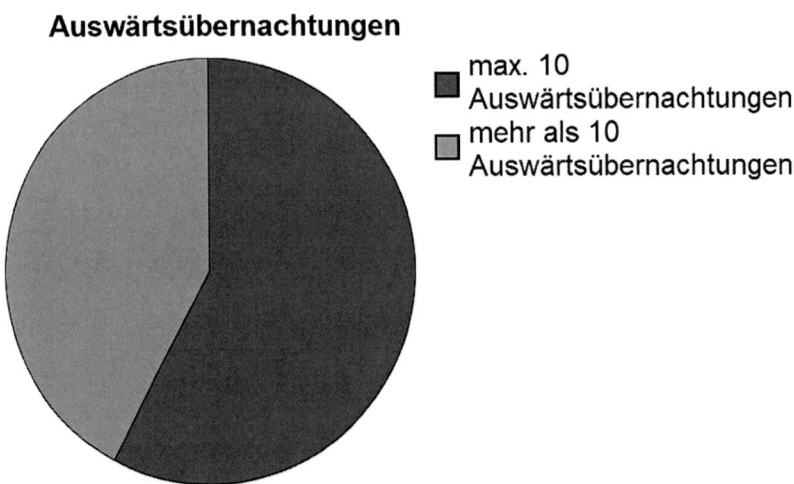

Abbildung 6: Verteilung der Heim- und Auswärtsschläfer

Davon sind vom beruflichen Rang insgesamt 67,2 % (n=43) Kapitäne, 15,6 % (n=10) Senior First Officer (SFO) und 17,2 % (n=11) First Officer (FO). Durch die unterschiedlichen Positionen lassen sich auch unterschiedliche Verantwortungsgrade annehmen. Die Piloten können durchschnittlich auf 16,6 Dienstjahre verweisen. Entscheidend ist hierbei das unterschiedliche Level an Organisations-, Planungs- und Lebensstrukturierungsmaßnahmen, die das Stresserleben möglicherweise beeinflussen.

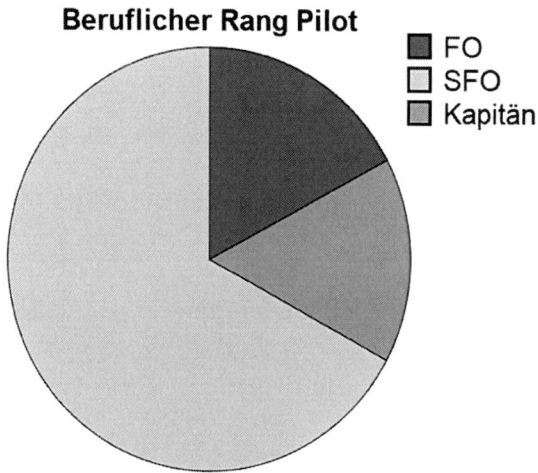

Abbildung 7: Verteilung der beruflichen Ränge der Väter

Bei den Partnerinnen ist die Berufsgruppe unerheblich. Es wird jedoch unterschieden, ob eine Berufstätigkeit vorliegt und wenn ja, in welchem Ausmaß. Dabei erfolgte eine Einteilung in 6 Kategorien (siehe Abbildung 13):
- Die erste Kategorie „nicht berufstätig" umfasst die Gruppe jener Frauen mit 26,5 %, die keiner Erwerbstätigkeit nachgehen.
- Die zweite Kategorie „geringfügig" umfasst eine geringfügige Erwerbstätigkeit und betrifft 4,7 %.
- Die dritte Kategorie „Teilzeit" umfasst die größte Gruppe der befragten Frauen mit 45,3 % und meint eine Teilzeitbeschäftigung.
- Die vierte Kategorie „Vollzeitbeschäftigung" bezieht sich auf ein Arbeitsstundenausmaß von 40 Stunden pro Woche und umfasst 6,3 % der Befragten.
- Die fünfte Kategorie umfasst Frauen, die sich derzeit noch in Mutterschutz oder Karenz befinden und bildet eine Gruppe von 9,4 %.
- Die letzte Kategorie „Sonstiges" bezieht sich auf Frauen, die sich in keinem Anstellungsverhältnis mit einem genau geregelten Stundenkontingent befinden, zum Beispiel Selbstständige oder freischaffende Künstlerinnen. Diese Gruppe umfasst 7,8 % der Befragten.

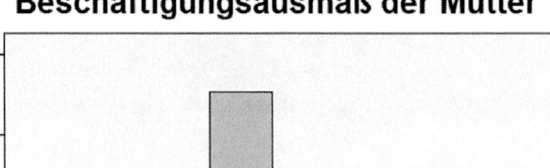

Abbildung 8: Beschäftigungsausmaß der Mütter

Eine weitere Voraussetzung für die Teilnahme an der Untersuchung ist mindestens ein Kind im Alter zwischen 0 und 14 Jahren. Die Kinder, zu denen der Fragebogen gestellt wurde, der befragten Paare haben ein Durchschnittsalter von circa 5 Jahren. Die Geschlechterverteilung liegt bei 53,1 % (n=30) Mädchen und 46,9 % (n=34) Buben (siehe Abbildung 14). Die durchschnittliche Anzahl der Kinder pro Familie liegt bei 2 (siehe Abbildung 15). Im Fragebogen wird immer nur auf ein Kind eingegangen. Im Falle dieser Untersuchung wurde gezielt nach dem jüngsten Kind gefragt, um die Daten beider Elternteile vergleichen zu können.

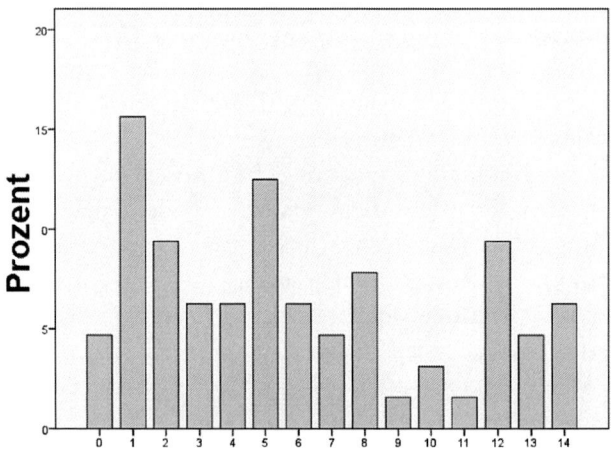

Abbildung 9: Alter des Kindes, zu dem die Eltern befragt wurden

Geschlecht des Kindes

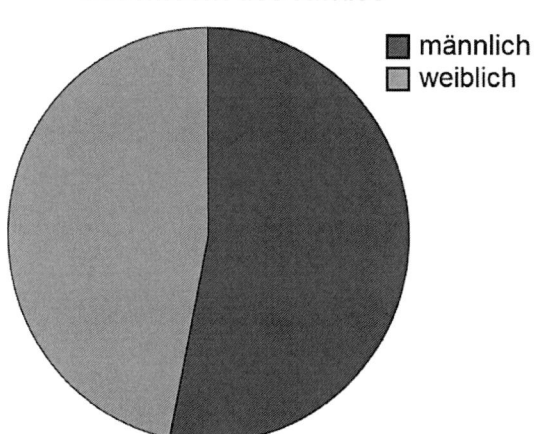

Abbildung 10: Geschlechterverteilung der Kinder, auf die im Fragebogen eingegangen wird

5.3.2 Messinstrument

Es wurde eine quantitative Befragung mit dem „Elternstressfragebogen" (ESF) zur Datenerhebung durchgeführt. Der Fragebogen stammt von Holger Domsch und Arnold Lohaus (2010) und wurde hinsichtlich der Erhebung der demografischen Daten abgewandelt, um eine spezielle Auslegung auf die Berufsgruppe der Linienpiloten und ihren Familien hinzubekommen.

Zu den erfassten soziodemografischen Daten gehören:
- Alter beider Elternteile
- Anzahl, Alter und Geschlecht der Kinder bzw. des Kindes im gemeinsamen Haushalt
- Familienstand
- beruflicher Rang, Streckennetz und Dienstjahre des Mannes
- Stundenausmaß der Auswärtsnächtigungen pro Monat
- Berufstätigkeit der Frau

Mit dem Elternstressfragebogen (ESF) soll nicht explizit der Stress von Linienpiloten und ihren Partnerinnen erhoben werden, sondern mögliche Herausforderungen oder Bereicherungen in Bezug auf das Familienleben. Außerdem soll festgestellt werden, inwieweit sich die einzelnen Faktoren (Elternstress, Soziale Unterstützung, Rollenrestriktion, Partnerschaft) möglicherweise gegenseitig beeinflussen. Dabei wird bei der Versuchsgruppe, wie bereits in der Stichprobenbeschreibung erwähnt, zwischen Heim- und Auswärtsschläfern unterschieden sowie zwischen den Geschlechtern.

Berücksichtigt werden im ESF die Eltern-Kind-Interaktion sowie die alltäglichen Anforderungen der Eltern als Faktoren, die sich auf das elterliche Stressniveau und die Partnerschaftszufriedenheit, auf die Einschränkungen (Rollenrestriktion) und die soziale Lebenswelt auswirken. Am Ende des Fragebogens werden einige kritische Lebensereignisse und ihre subjektive Wahrnehmung gesondert erfasst. Zusätzlich werden mögliche Geschwisterkinder und deren Alter sowie deren Geschlecht erfragt. Dies sind ebenfalls relevante Daten für die Einschätzung der erlebten Herausforderungen, die von der Erziehung dieser Kinder möglicherweise ausgeht. Daher sind auch äußerliche Faktoren zu berücksichtigen. Da die wahrgenommenen Bereicherungs- und Belastungspotentiale möglicherweise je nach Anwesenheit des Partners zu Hause variieren, wird gezielt darauf das Augenmerk gerichtet.

Detaillierte Angaben zum Fragebogen, zum Beispiel einzelne Items oder Fragebogenausschnitte, können aus urheberrechtlichen Gründen nicht gemacht werden, aber Beispielitems werden im nächsten Abschnitt angeführt.

Der ESF basiert auf dem transaktionalen Stressmodell von Lazarus (1996). Dieses Modell geht davon aus, dass potentielle Stressauslöser erst durch individuelle Bewertungsprozesse zu wirksamen Stressoren werden. Daher ist die subjektive Wahrnehmung eines Elternteils von großer Bedeutung (genauere Beschreibung im Kapitel 4). Das elterliche Stresserleben kann unter anderem durch die Interaktion mit dem Kind, durch seine Verhaltensweisen und die Herausforderungen des Alltags sowie dem Mangel an persönlichen Freiraum möglicherweise erhöht werden. Diesem Stresserleben können aber auch potentielle Ressourcen gegenüber stehen.

5.3.3 Abgrenzung der Auswertungskategorien

Durch vier Skalen lassen sich die wichtigsten Faktoren des elterlichen Stresserlebens unter besonderen Bedingungen darstellen:

- **Elterliches Stresserleben (ES):** Diese Skala untersucht den vom Elternteil wahrgenommenen Stress bzw. die Belastung in der Ausübung der individuellen Elternrolle. Dieser Faktor wird mit Hilfe von 17 Items erhoben. Die Skala in der vorliegenden Untersuchung weist eine interne Konsistenz (Cronbach-Alpha) von 0,90 bei den Männern und 0,92 bei den Frauen auf. Hohe Scores bedeuten großen Elternstress. Als Beispielitem dient folgende Frage: *„Ich streite mich oft mit meinem Kind.“*

- **Rollenrestriktion (RR):** Diese Skala bezieht sich auf die subjektiv empfundene Einschränkung der Elternteile durch ihre jeweilige Situation zu Hause. Die Skala Rollenrestriktion besteht aus 7 Items und weist eine interne Konsistenz (Cronbach-Alpha) von 0,89 bei den Männern und 0,86 bei den Frauen auf. Hohe Scores bedeuten hohe Rollenrestriktion. Als Beispielitem dient folgende Frage: *„Ich habe selten wirklich frei, da immer jemand etwas von mir möchte.“*

- **Soziale Unterstützung (SU):** Diese Skala verdeutlicht die Entlastung und Unterstützung durch das familiäre und weitere Umfeld bzw. durch Experten. Die Skala besteht aus 7 Items. Die Cronbach-Alpha-Werte waren bei den Männern bei 0,81 und bei den Frauen bei 0,80. Hohe Scores bedeuten viel soziale Unterstützung. Als Beispielitem dient folgende Frage: *„Ich habe Menschen in meiner Umgebung, die auf mein Kind aufpassen."*

* **Partnerschaft (PS):** Diese Skala befasst sich mit der Zufriedenheit in der Paarbeziehung, dem Zusammenhalt beider Partner bei der Erziehung und der gegenseitigen Unterstützung. Sie besteht aus 7 Items. Die Werte der internen Konsistenz liegen bei den Männern bei 0,90 und bei den Frauen bei 0,92. Hohe Scores bedeuten hohe Zufriedenheit in der Partnerschaft. Als Beispielitem dient folgende Frage: *„Mein/e Partner/in versteht meine Sorgen."*

5.3.4 Hypothesen

Die forschungsgeleiteten Hypothesen wurden aufgrund der Erkenntnisse aus der Auswertung der Voruntersuchung mittels Experteninterviews gebildet und formuliert. Durch die Analyse der Vorinformationen, die für die Beantwortung der Forschungsfrage relevant sind, wurden vier Dimensionen ermittelt: Partnerschaft, elterliches Stresserleben, Einschränkungen/Rollenrestriktion und soziale Unterstützung.

Die InterviewpartnerInnen beschreiben zum einen eine kooperative und verständnisvolle Partnerschaft, bei der die gegenseitige Unterstützung eine wichtige Rolle spielt. Zum anderem wird eine eher traditionelle Partnerschaft mit einer klar strukturierten Aufgabenverteilung beschrieben, die durch unregelmäßige Anwesenheit der Partner zu Konflikten führen kann. Aus der gesamten Darstellung der familiären Situation lässt sich schließen, dass eine genaue Planung, Absprachen und Zeit für die Paarbeziehung notwendig sind. Durch die häufige Abwesenheit von Auswärtsschläfer-Piloten ist möglicherweise mehr organisatorischer und persönlicher Aufwand notwendig. Daher konkretisierte sich auch folgende Annahme:

1. Hypothese: Auswärtsschläfer-Paare sind in ihrer Paarbeziehung weniger zufrieden als Heimschläfer-Paare. Zugleich sind die Väter beider Gruppen zufriedener als die Mütter.

Die Angaben der Interviewauswertungen aus den Kategorien Belastung, Arbeitsanforderungen und Eltern-Kind-Beziehung lassen darauf schließen, dass Stress und Ressourcen zu berücksichtigende Faktoren sind. Bei den Heimschläfer-Paaren kommen möglicherweise andere Herausforderungen zum Tragen als bei den Auswärtsschläfer-Paaren. Zum Beispiel kommen die Heimschläfer-Piloten fast jeden Tag nach Hause, dennoch ist es schwierig vorherzusehen ob ihr Dienstschluss wie erwartet endet. Es ist davon auszugehen, dass auch unterschiedliches Stresserleben zu erwarten wäre. Da durch die Angaben der Interviewpartnerinnen hervorgeht, dass sie durch die Abwesenheit des Partners ein großes Engagement hinsichtlich der Kinder aufzubringen haben, wird auch dieser Punkt in der zweiten Hypothese berücksichtigt.

2. Hypothese: Es gibt bei den Auswärtsschläfer-Paaren keinen Unterschied hinsichtlich des Elternstresses zwischen Müttern und Vätern. Hingegen ist bei den Heimschläfer-Paaren davon auszugehen, dass die Mütter mehr Stress haben als die Väter.

Aus den Angaben zu der Kategorie „Soziale Lebenswelt" geht hervor, dass die soziale Unterstützung eine Relevanz bei der Strukturierung des Alltags besitzt. Im Speziellen hinsichtlich der Kinderbetreuung. Zudem ist ein Unterschied zwischen berufstätigen und nicht berufstätigen Müttern anzunehmen. Daher ist auch davon auszugehen, dass bei Auswärtsschläfer-Paaren eventuell mehr soziale Unterstützung benötigt wird. Daraus resultierte folgende Annahme:

3. Hypothese: Die Auswärtsschläfer-Paare brauchen mehr soziale Unterstützung als die Heimschläfer-Paare. Zudem brauchen die Frauen mehr soziale Unterstützung als die Männer.

Bei Paaren, die mit beruflicher Flexibilität und Mobilität konfrontiert sind, auch wenn es in erster Linie nur den Mann in direkter Weise betrifft, ist Zeit eine wertvolle Ressource. Daher wurde bei den Interviews auch die Kategorie „Zeitmanagement" angeführt, die Aufschluss über die berufliche und familiäre Zeiteinteilung sowie die persönliche Freizeit geben soll. Aus diesen Angaben (siehe Seite 107) resultiert die Formulierung der letzten Hypothese:

4. Hypothese: Die Heimschläfer-Paare fühlen sich in ihrem persönlichen Freiraum weniger eingeschränkt als die Auswärtsschläfer-Paare. Bei den Vätern der Heim-schläfer-Gruppe ist das Empfinden von Einschränkungen größer als bei den Müttern dieser Gruppe, während bei den Auswärtsschläfer-Paaren die Situation umgekehrt ist.

5.3.5 Durchführung der Fragebogenuntersuchung

Um die formulierten Forschungsfragen und Hypothesen genauer überprüfen zu können, folgte nach der qualitativen Voruntersuchung die quantitative Untersuchung mit dem bestehenden „Elternstressfragebogen" (ESF) von Holger Domsch und Arnold Lohaus (2010). Die Auswahl des Fragebogens erfolgte nach einer gezielten Reflexion der Interviews und einer expliziten Kontrolle der einzelnen Fragebogenitems. Daher kann der ESF auch für die Beantwortung der hier vorliegenden Forschungsfrage ein geeignetes Erhebungsinstrument darstellen. Nach der Überarbeitung der demografischen Daten wurden die Fragebögen mit einem Begleitschreiben an die ProbandInnen verteilt. Die Erhebung erfolgte von Anfang November bis Mitte Dezember 2014.

Der Zugang zu geeigneten Personen wurde durch den persönlichen Bezug zur Berufs-gruppe der Piloten erlangt und erfolgte mittels Schneeballprinzip. Das Schneeballprin-zip meint in diesem Fall die Weitergabe der Fragebögen an Kollegen und ihre Partnerinnen. Ein Teil der Bögen wurde persönlich am Flughafen Wien verteilt. Die beantworteten Bögen wurden mit einem beigefügten frankierten Kuvert mit der Post zurückgesendet. Es wurde eine sehr zufriedenstellende Rücklaufquote von 92 % erzielt. Ausgesendet wurden 160 Bögen an 80 Paare, davon sind 148 Stück (74 Paare) zurückgekommen. Allerdings waren davon 10 Bögen nicht auswertbar gewesen und da die Untersuchung sich jeweils auf ein Paar bezieht sind folglich insgesamt 20 Bögen weggefallen. Daher konnten 128 Bögen (64 Piloten) für die statistische Auswertung in die Erhebung aufgenommen werden.

5.3.6 Darstellung der Fragebogenuntersuchung und Auswertungsergebnisse

Die Auswertung der Daten erfolgte mit dem Statistikprogramm SPSS 22. Zuerst wurde eine Überprüfung der internen Konsistenz für alle Skalen, sowohl bei den Männern als auch bei den Frauen durchgeführt, um so die Reliabilität (genaue Angaben dazu in Kapitel 5.3.3) zu ermitteln.

In der statistischen Auswertung der forschungsgeleiteten Hypothesen sollte geklärt werden, ob es mögliche Unterschiede in der Wirksamkeit der Einflussfaktoren zwischen den Vätern und Müttern sowie zwischen den Heim- und Auswärtsschläfern gibt.

Die Auswertung erfolgte mittels zweifaktorieller Varianzanalyse mit Messwiederholung und Korrelationen. Die Verfahren wurden für alle Summenscores der einzelnen Skalen berechnet. Zu den unabhängigen Variablen zählen die Auswärtsübernachtungen (Heimschläfer, Auswärtsschläfer) und das Geschlecht (Mutter, Vater). Die abhängigen Variablen sind das Stresserleben, die Rollenrestriktion, die Partnerschaft und die soziale Unterstützung.

Zum Umgang mit den missing values sei angemerkt, dass nur eine einzige Angabe bei einem Fragebogen fehlt. Diese hat aber keine Auswirkungen auf die Datenberechnung, weil es sich dabei um die Angabe zu den Dienstjahren eines Piloten handelt und diese nur für die Darstellung der demografischen Daten bei der Stichprobenbeschreibung von Relevanz ist. Für eine übersichtliche Darstellung der Daten wurden Grafiken und Tabellen verwendet. Das zusätzliche Tabellenmaterial befindet sich im Anhang.

5.3.6.1 Auswertung Hypothese 1: Zufriedenheit in der Partnerschaft

„Auswärtsschläfer-Paare sind in ihrer Paarbeziehung weniger zufrieden als die Heimschläfer-Paare. Zugleich sind die Väter beider Gruppen zufriedener als die Mütter."

Bei der Betrachtung der Mittelwerte der zweifaktoriellen Varianzanalyse mit Messwiederholung geht hervor, dass die Väter beider Gruppen im Schnitt höhere Scores in der Skala Partnerschaft aufweisen als die Mütter. Beim Vergleich der beiden Gruppen sind die Scores der Heimschläfer-Paare höher als die der Auswärtsschläfer-Paare. Auch die Daten der Korrelationsmatrix entsprechen denen der Varianzanalyse.

Tabelle 12: Varianzanalyse: Tests der Innersubjektkontraste über die Unterschiede zwischen den Angaben von Vätern und Müttern über ihre Partnerschaft

Tests der Innersubjektkontraste
Maß: MASS_1

Quelle	VaterMutter	Quadrat-summe vom Typ III	df	Mittel der Quadrate	F	Sig.
VaterMutter	Linear	84,905	1	84,905	9,743	,003
VaterMutter * Auswärtsübernachtung	Linear	0,093	1	0,093	0,011	,918
Fehler (VaterMutter)	Linear	540,274	62	8,714		

Tabelle 13: Varianzanalyse: Unterschiede zwischen den Angaben der Heim- und Auswärtsschläfer-Paare über ihre Partnerschaft

Tests der Zwischensubjekteffekte
Maß: MASS_1
Transformierte Variable: Mittel

Quelle	Quadratsumme vom Typ III	df	Mittel der Quadrate	F	Sig.
Konstanter Term	26062,292	1	26062,292	798,593	0,000
Auswärtsübernachtung	446,605	1	446,605	13,685	0,000
Fehler	2023,387	62	32,635		

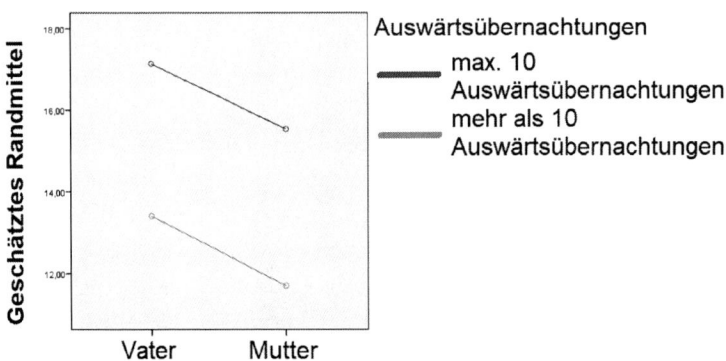

Geschätztes Randmittel von PS

Auswärtsübernachtungen
— max. 10 Auswärtsübernachtungen
— mehr als 10 Auswärtsübernachtungen

Abbildung 11: Partnerschaft aus der Sicht der Väter und Mütter der Heim- und Auswärtsschläfer-Gruppe

Die Ergebnisse der Korrelation zeigen hinsichtlich weiterer Scores, die in der Tabelle 14 ersichtlich sind, dass ein Zusammenhang zwischen der Einschätzung der Zufriedenheit in der Partnerschaft und der Rollenrestriktion sowie dem Elternstress bei Vätern und Müttern beider Gruppen besteht.

Tabelle 14: Korrelationen: Unterschiede zwischen den Angaben von Vätern und Müttern über ihre Partnerschaft und den anderen ESF-Skalen

		Partnerschaft aus der Sicht der Väter	Partnerschaft aus der Sicht der Mütter
Rollenrestriktion aus der Sicht der Väter	Pearson-Korrelation	-,509**	-,370**
	Sig. (2-seitig)	,000	,003
Rollenrestriktion aus der Sicht der Mütter	Pearson-Korrelation	-,279*	-,469**
	Sig. (2-seitig)	,025	,000
Elternstress aus der Sicht der Väter	Pearson-Korrelation	-,372**	-,301*
	Sig. (2-seitig)	,002	,016
Elternstress aus der Sicht der Mütter	Pearson-Korrelation	-,381**	-,400**
	Sig. (2-seitig)	,002	,001
Soziale Unterstützung aus der Sicht der Väter	Pearson-Korrelation	,027	-,171
	Sig. (2-seitig)	,835	,178
Soziale Unterstützung aus der Sicht der Mütter	Pearson-Korrelation	,102	-,041
	Sig. (2-seitig)	,422	,746

**. Die Korrelation ist auf dem Niveau von 0,01 (2-seitig) signifikant.
 *. Die Korrelation ist auf dem Niveau von 0,05 (2-seitig) signifikant.

Ergebnis der Hypothese 1:
Die signifikanten Haupteffekte zeigen, dass die Auswärtsschläfer-Paare im Schnitt mit ihrer Partnerschaft unzufriedener sind als die Heimschläfer-Paare. Es kann davon ausgegangen werden, dass die Väter beider Gruppen ihre Partnerschaft individuell zufriedener einschätzen als d ie Mütter beider Gruppen.

5.3.6.2 Auswertung Hypothese 2: Elterliches Stresserleben

„Es gibt bei den Auswärtsschläfer-Paaren keinen Unterschied im Elternstress von Müttern und Vätern. Hingegen ist bei den Heimschläfern davon auszugehen, dass die Mütter mehr Stress haben als die Väter."

Die Auswertung der zweifaktoriellen Varianzanalyse mit Messwiederholung ergab beim Vergleich der Mittelwerte, dass die Scores bei den Auswärtsschläfer-Paaren höher sind als bei den Heimschläfer-Paaren. Bei der Betrachtung der Geschlechter ist der Score der

Mütter höher als bei den Vätern beider Gruppen. Wobei bei den Auswärtsschläfer-Paaren eine Differenz von 0,4 festgestellt wurde, wohingegen sich bei den Heimschläfer-Paaren eine Differenz von 1,9 zeigt. Dieser Unterschied kann aber nicht gegen den Zufall abgesichert werden. Die Wechselwirkung ist nicht signifikant.

Tabelle 15: Varianzanalyse: Unterschiede zwischen den Angaben der Heim- und Auswärtsschläfer-Paare über ihren Elternstress

Tests der Zwischensubjekteffekte
Maß: MASS_1
Transformierte Variable: Mittel

Quelle	Quadratsumme vom Typ III	df	Mittel der Quadrate	F	Sig.
Konstanter Term	30319,810	1	30319,810	226,086	,000
Auswärts-übernachtungen	996,810	1	996,810	7,433	,008
Fehler	8314,659	62	134,107		

Bei der Betrachtung der Signifikanzen über den Elternstress unter Berücksichtigung des Faktors Auswärtsübernachtungen zeigt sich kein signifikanter Unterschied beim Stressempfinden zwischen den Vätern und den Müttern (siehe Tabelle 15).

Tabelle 16: Varianzanalyse: Unterschiede zwischen den Angaben von Vätern und Müttern zu ihrem Elternstress

Tests der Innersubjektkontraste
Maß: MASS_1

Quelle	VaterMutter	Quadrat-summe vom Typ III	df	Mittel der Quadrate	F	Sig.
VaterMutter	Linear	39,943	1	39,943	1,353	,249
VaterMutter * Auswärts-übernachtungen	Linear	18,068	1	18,068	,612	,437
Fehler(VaterMutter)	Linear	1829,932	62	29,515		

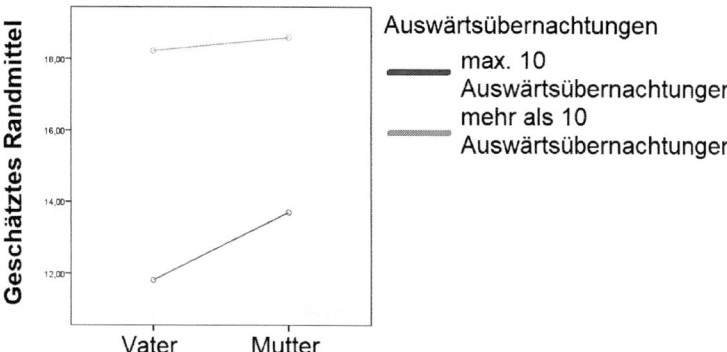

**Abbildung 12: Elternstress bei den Vätern und Müttern der Heim- und Auswärts-
schläfer-Gruppe**

Aus den Daten der Korrelationsmatrix geht hervor, dass die Anzahl der Auswärtsübernachtungen einen Einfluss auf das Stressempfinden der Väter hat (siehe Tabelle 17). Bei
den Müttern ist kein signifikanter Einfluss erkennbar.

Zusätzlich wird deutlich, dass die Rollenrestriktion und die Partnerschaft mit dem
elterlichem Stressempfinden zusammenhängen, sowohl bei den Vätern als auch bei den
Müttern (siehe Tabelle 17).

Ergebnis Hypothese 2:
Bei den Auswärtsschläfer-Paaren sind im Schnitt höhere Scores in Bezug auf Elternstress
festzustellen als bei den Heimschläfer-Paaren. Die Wechselwirkung ist nicht signifikant.

5.3.6.3 Auswertung Hypothese 3: Soziale Unterstützung

„Die Auswärtsschläfer-Paare brauchen mehr soziale Unterstützung als die Heimschläfer-Paare. Zudem brauchen die Frauen beider Gruppen mehr soziale Unterstützung als
die Männer."

Die Auswertung der zweifaktoriellen Varianzanalyse ergab beim Vergleich der Mittelwerte, dass die Heimschläfer-Paare niedrigere Scores bei der sozialen Unterstützung
aufweisen als die Auswärtsschläfer-Paare. Dies ist aber nicht signifikant. Allerdings ist
der Score der Frauen im Schnitt signifikant höher als der Score der Männer.

Tabelle 17: Korrelationen: Unterschiede zwischen den Angaben von Vätern und Müttern über ihr Stresserleben und den anderen ESF-Skalen

		Elternstress aus der Sicht der Väter	Elternstress aus der Sicht der Mütter
Rollenrestriktion aus der Sicht der Väter	Pearson-Korrelation	,605**	,356**
	Sig. (2-seitig)	,000	,004
Rollenrestriktion aus der Sicht der Mütter	Pearson-Korrelation	,488**	,456**
	Sig. (2-seitig)	,000	,000
Partnerschaft aus der Sicht der Väter	Pearson-Korrelation	-,372**	-,381**
	Sig. (2-seitig)	,002	,002
Partnerschaft aus der Sicht der Mütter	Pearson-Korrelation	-,301*	-,400**
	Sig. (2-seitig)	,016	,001
Soziale Unterstützung aus der Sicht der Väter	Pearson-Korrelation	,242	,109
	Sig. (2-seitig)	,054	,393
Soziale Unterstützung aus der Sicht der Mütter	Pearson-Korrelation	,191	,005
	Sig. (2-seitig)	,130	,969
Auswärtsübernachtungen	Pearson-Korrelation	,363**	,243
	Sig. (2-seitig)	,003	,053

**. Die Korrelation ist auf dem Niveau von 0,01 (2-seitig) signifikant.
 *. Die Korrelation ist auf dem Niveau von 0,05 (2-seitig) signifikant.

Tabelle 18: Varianzanalyse: Unterschiede zwischen den Angaben von Vätern und Müttern hinsichtlich ihrer sozialen Unterstützung.

Tests der Innersubjektkontraste
Maß: MASS_1

Quelle	VaterMutter	Quadrat-summe vom Typ III	df	Mittel der Quadrate	F	Sig.
VaterMutter	Linear	36,116	1	36,116	4,017	,049
VaterMutter * Auswärts-übernachtungen	Linear	1,053	1	1,053	,117	,733
Fehler(VaterMutter)	Linear	557,376	62	8,990		

Tabelle 19: Varianzanalyse: Unterschiede zwischen den Angaben der Heim- und Auswärtsschläfer-Paare über ihre soziale Unterstützung

Tests der Zwischensubjekteffekte
Maß: MASS_1
Transformierte Variable: Mittel

Quelle	Quadratsumme vom Typ III	df	Mittel der Quadrate	F	Sig.
Konstanter Term	12213,396	1	12213,396	284,803	,000
Auswärts-übernachtungen	24,583	1	24,583	,573	,452
Fehler	2658,784	62	42,884		

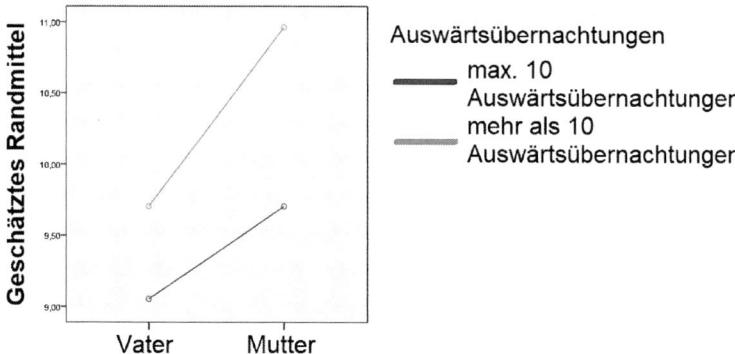

Abbildung 13: Soziale Unterstützung bei den Vätern und Müttern der Heim- und Auswärtsschläfer-Gruppe

Bei der Betrachtung der Vergleichswerte der Korrelationsmatrix geht hervor, dass Partnerschaft, Rollenrestriktion und Elternstress keinen signifikanten Zusammenhang mit der sozialen Unterstützung aufweisen.

Ergebnis Hypothese 3:
Es konnte ermittelt werden, dass die Mütter im Schnitt mehr soziale Unterstützung brauchen als die Väter.

Tabelle 20: Korrelationen: Unterschiede zwischen den Angaben von Vätern und Müttern über ihre soziale Unterstützung und den anderen ESF-Skalen

		Soziale Unterstützung aus der Sicht der Väter	Soziale Unterstützung aus der Sicht der Mütter
Rollenrestriktion aus der Sicht der Väter	Pearson-Korrelation	,004	,128
	Sig. (2-seitig)	,973	,314
Rollenrestriktion aus der Sicht der Mütter	Pearson-Korrelation	,044	-,117
	Sig. (2-seitig)	,772	,357
Elternstress aus der Sicht der Väter	Pearson-Korrelation	,242	,191
	Sig. (2-seitig)	,054	,130
Elternstress aus der Sicht der Mütter	Pearson-Korrelation	,109	,005
	Sig. (2-seitig)	,393	,969
Partnerschaft aus der Sicht der Väter	Pearson-Korrelation	,027	,102
	Sig. (2-seitig)	,835	,422
Partnerschaft aus der Sicht der Mütter	Pearson-Korrelation	-,171	-,041
	Sig. (2-seitig)	,178	,746

5.3.6.4 Auswertung Hypothese 4: Rollenrestriktion/Einschränkungen

„Die Heimschläfer-Paare fühlen sich in ihrem persönlichen Freiraum weniger einge-schränkt als die Auswärtsschläfer-Paare. Bei den Vätern der Heimschläfer-Gruppe ist das Empfinden von Einschränkungen größer als bei den Müttern dieser Gruppe, wäh-rend bei den Auswärtsschläfer-Paaren die Situation umgekehrt ist."

Aus der Betrachtung der Mittelwerte aus der Varianzanalyse wird deutlich, dass die Scores der Heimschläfer-Paare niedriger sind als die der Auswärtsschläfer-Paare. Die Scores der Mütter sind im Schnitt höher als jene der Väter.

Die Scores der Heimschläfer-Paare sind niedriger als die der Auswärtsschläfer-Paare. Die Wechselwirkung erreicht nicht die Signifikanzgrenze.

Tabelle 21: Varianzanalyse: Unterschiede zwischen den Angaben von Vätern und Müttern hinsichtlich ihrer Rollenrestriktion

Tests der Innersubjektkontraste
Maß: MASS_1

Quelle	VaterMutter	Quadrat- summe vom Typ III	df	Mittel der Quadrate	F	Sig.
VaterMutter	Linear	78,091	1	78,091	5,796	,019
VaterMutter Auswärts- übernachtungen	Linear	24,059	1	24,059	1,786	,186
Fehler(VaterMutter)	Linear	835,409	62	13,474		

Tabelle 22: Varianzanalyse: Unterschiede zwischen den Angaben der Heim- schläfer- und Auswärtsschläfer-Paare über ihre Rollenrestriktionen

Tests der Zwischensubjekteffekte
Maß: MASS_1
Transformierte Variable: Mittel

Quelle	Quadratsumme vom Typ III	df	Mittel der Quadrate	F	Sig.
Konstanter Term	18973,298	1	18973,298	608,181	,000
Auswärts- übernachtungen	493,767	1	493,767	15,827	,000
Fehler	1934,202	62	31,197		

Die Auswertung der Korrelationsmatrix bei den Vätern zeigt einen signifikanten Zusammenhang der Auswärtsübernachtungen mit der Rollenrestriktion der Väter.

Bei der Berücksichtigung anderer Einflussvariablen ist zu erkennen, dass auch die Partnerschaft und der Stress sowohl bei den Männern als auch bei den Frauen einen signifikanten Zusammenhang mit dem Empfinden von Rollenrestriktion haben.

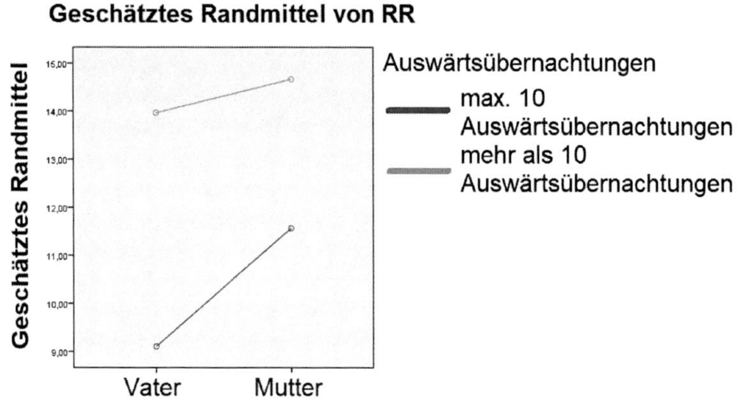

Geschätztes Randmittel von RR

Abbildung 14: Rollenrestriktion bei den Vätern und Müttern der Heim- und Auswärtsschläfer-Gruppe

Tabelle 23: Korrelationen: Zusammenhänge zwischen den Angaben im ESF von Vätern und Müttern über ihr Stresserleben

		Rollenrestriktion aus der Sicht der Väter	Rollenrestriktion aus der Sicht der Mütter
Partnerschaft aus der Sicht der Väter	Pearson-Korrelation	-,509**	-,279*
	Sig. (2-seitig)	,000	,025
Partnerschaft aus der Sicht der Mütter	Pearson-Korrelation	-,370**	-,469**
	Sig. (2-seitig)	,003	,000
Elternstress aus der Sicht der Väter	Pearson-Korrelation	,605**	,488**
	Sig. (2-seitig)	,000	,000
Elternstress aus der Sicht der Mütter	Pearson-Korrelation	,356**	,456**
	Sig. (2-seitig)	,004	,000
Soziale Unterstützung aus der Sicht der Väter	Pearson-Korrelation	,004	,044
	Sig. (2-seitig)	,973	,731
Soziale Unterstützung aus der Sicht der Mütter	Pearson-Korrelation	,128	-,152
	Sig. (2-seitig)	,314	,230
Auswärtsübernachtungen	Pearson-Korrelation	,455**	,315*
	Sig. (2-seitig)	,000	,011

**. Die Korrelation ist auf dem Niveau von 0,01 (2-seitig) signifikant.
*. Die Korrelation ist auf dem Niveau von 0,05 (2-seitig) signifikant.

Ergebnis Hypothese 4:

Zusammenfassend kann davon ausgegangen werden, dass die Auswärtsschläfer-Paare mehr Einschränkungen angeben als die Heimschläfer-Paare. Bei den Müttern beider Gruppen ist eine höhere Rollenrestriktion als bei den Vätern erkennbar.

5.3.7 Interpretation der Fragebogenergebnisse

In dieser Dissertation werden die möglichen Wirkungsweisen von Belastungen und Bereicherungen untersucht, im Speziellen im Zusammenhang mit der Familie (Pilot, Partnerin, Kinder) bezüglich der Herausforderungen der Mobilität, der Entgrenzung und der Flexibilität. In der Fragebogenuntersuchung stehen mögliche Einflussfaktoren, wie die elterliche Paarbeziehung, der Stress, die soziale Lebenswelt und die Rollenrestriktion (persönliche Einschränkungen) im Fokus. Die Forschungsfrage, auf der die Fragebogenuntersuchung basiert, ist Folgende: *„Wie sieht elterliches Stresserleben, Einschränkungen, soziale Lebenswelt und Partnerschaft bei Linienpiloten im Personenluftverkehr und ihren Partnerinnen aus?"* Die Forschungsfrage wurde in einzelne Hypothesen geteilt, um konkret auf die Teilbereiche eingehen zu können. Die im vorangegangenen Kapitel beschriebene Auswertung und Darstellung der Ergebnisse wird nun interpretiert.

Die erste Hypothese, die formuliert wurde, lautet: „Auswärtsschläfer-Paare sind in ihrer Paarbeziehung weniger zufrieden als die Heimschläfer-Paare. Zugleich sind die Väter in beiden Gruppen zufriedener als die Mütter."

Die Ergebnisse zeigen, dass die Auswärtsschläfer-Paare im Schnitt weniger zufrieden sind als die Heimschläfer-Paare. Daraus lässt sich schließen, dass die gemeinsam verbrachte Zeit eventuell ein Einflussfaktor hinsichtlich der Partnerschaftszufriedenheit sein kann. Bei den Heimschläfer-Paaren ist der Mann nahezu täglich zu Hause, arbeitet zum Beispiel von 10 Uhr bis 20 Uhr und könnte so mehr Zeit mit seiner Partnerin verbringen. Der Auswärtsschläfer-Pilot ist dagegen zum Beispiel fünf Tage abwesend, allerdings dann wieder zwei bis vier Tage zu Hause. Eine weitere zeitliche Herausforderung kommt noch hinzu, wenn die Partnerin berufstätig ist. Zudem gibt es einen Zusammenhang zwischen der wahrgenommenen gegenseitigen Unterstützung, der Zufriedenheit in der Familie, dem Verständnis des Partners bzw. der Partnerin in der Kindererziehung und -betreuung und der Zufriedenheit in der Partnerschaft. Konkrete Beispiele dazu wären das gegenseitige Verständnis bei Sorgen oder die Einigkeit über Erziehungsfragen. Zudem spielt die Partnerschaft selbst eine entscheidende Rolle und die Frage, ob man an ihr oder innerhalb der Familie etwas ändern möchte. Wenn man die Ergebnisse beider Gruppen hinsichtlich der Geschlechter betrachtet, lässt sich erkennen, dass die Männer die Zufriedenheit in der Partnerschaft höher einschätzen als die Frauen. Dies lässt sich möglicherweise daraus schließen, dass sich die Frauen im Schnitt weniger unterstützt sehen bzw. sich in ihrem persönlichen Freiraum eingeschränkter fühlen und ein höheres Stresserleben empfinden als ihre Männer. Die Partnerschaft ist somit ein möglicher Faktor, wenn es um die Beeinflussung des Lebensalltags und den Erziehungsauftrag der Eltern geht. All diese Schlussfolgerungen lassen sich aus der genaueren Betrachtung der einzelnen Fragebogenitems der Partnerschaftsskala schließen.

Die nächste Hypothese befasst sich mit dem elterlichen Stresserleben: „Es gibt bei den Auswärtsschläfer-Paaren keinen Unterschied hinsichtlich des Elternstresses zwischen Müttern und Vätern. Hingegen ist bei den Heimschläfern davon auszugehen, dass die Mütter mehr Stress haben als die Väter."

Aus den Ergebnissen geht jedoch hervor, dass das Stresserleben bei den Auswärtsschläfer-Paaren höher ist als bei den Heimschläfer-Paaren. Daraus könnte man möglicherweise schließen, dass der Organisationsaufwand mitunter eine Rolle spielt, denn die Dienstpläne der Männer beinhalten in jedem Monat andere Arbeitstage und Arbeitszeiten, was eine Regelmäßigkeit verhindert, an der man sich orientieren könnte. Es kann immer nur von einem Monat zum nächsten geplant werden, dadurch wird die Planung von gemeinsamen Aktivitäten und Terminen bzw. Festen erschwert. Zudem steht Stressempfinden im Zusammenhang mit der Partnerschaftszufriedenheit und der Rollenrestriktion. In Bezug auf das Stressempfinden der Mütter und Väter beider Gruppen konnten keine Unterschiede gefunden werden.

Bezogen auf die soziale Lebenswelt wurde folgende Hypothese formuliert: „Die Auswärtsschläfer-Paare brauchen mehr soziale Unterstützung als die Heimschläfer-Paare. Zudem brauchen die Frauen beider Gruppen mehr soziale Unterstützung als die Männer."

Im Vergleich der Ergebnisse der Heim- und Auswärtsschläfer-Paare lassen sich keine Unterscheide feststellen. Die Ergebnisse zeigen, dass die Frauen beider Gruppen auf mehr soziale Unterstützung zurückgreifen als die Männer. An dieser Stelle ist anzuführen, dass der Faktor „soziale Unterstützung" nicht nur als Kinderbetreuung durch Verwandte, Freunde oder Betreuungseinrichtungen während der Abwesenheit der Eltern gesehen wird, sondern auch in Form von Erziehungstipps, Ratschlägen, Hilfestellungen, etc. Wenn man die Analyse vertieft und sich die einzelnen Items genauer ansieht, ist zu erkennen, dass nur wenige Eltern angeben, dass sie ihr Kind zur persönlichen Entlastung von Großeltern, Verwandten, etc. betreuen lassen. Sie würden aber aus beruflichen Gründen die Betreuung durch Verwandte, Freunde oder Einrichtungen in Anspruch nehmen. Es ist eventuell davon auszugehen, dass das Beschäftigungsausmaß der Mütter einen Einfluss hat, da eine Mutter, die zu Hause oder in einem geringfügigen Beschäftigungsausmaß erwerbstätig ist, ein anderes Ausmaß an Kinderbetreuung durch Verwandte, Freunde, etc. benötigt, als eine Vollzeiterwerbstätige. Zudem ist möglicherweise anzunehmen, dass sich die Frauen häufiger um die Organisation der Kinderbetreuung kümmern als die Männer.

In Bezug auf die Angaben über den praktizierten Austausch mit anderen Eltern, Groß-eltern, etc. das Kind betreffend, ist eher die Tendenz zu erwarten, dass aus zeitlichen Gründen Mütter diesen Austausch mehr pflegen als Väter. Es ist auch anzunehmen, dass das Heranziehen von Unterstützung in Form von Ratschlägen durch ExpertInnen mög-licherweise deshalb kaum angegeben wird, weil es den Anschein erwecken würde, dass eine Überforderung oder Selbstzweifel vorliegen. Ein weiterer Grund ist, dass sich Eltern im Umgang mit ihrem Kind im Grunde sicher sind und nicht glauben, Unterstützung in dieser Form zu brauchen. Eine andere Schlussfolgerung lässt die Annahme zu, dass im Hinblick auf die Ergebnisse, durch das häufige Wegsein der Männer die Gelegenheit für den Austausch mit Freunden oder Großeltern, etc. aus zeitlichen Gründen oftmals nicht so gegeben ist wie bei den Frauen. Mit all diesen Annahmen lässt sich eventuell erklären, warum die Ergebnisse bei den Frauen zeigen, dass sie mehr soziale Unterstüt-zung brauchen.

Als letztes wurde eine Hypothese hinsichtlich möglicher persönlicher Einschränkungen der Eltern formuliert: „Die Heimschläfer-Paare fühlen sich in ihrem persönlichen Frei-raum weniger eingeschränkt als die Auswärtsschläfer-Paare. Bei den Vätern der Heim-schläfer-Gruppe ist das Empfinden von Einschränkungen größer als bei den Müttern dieser Gruppe, während bei den Auswärtsschläfer-Paaren die Situation umgekehrt ist."
Die Ergebnisse der Untersuchung bestätigen, dass die Auswärtsschläfer-Paare mehr Rollenrestriktion wahrnehmen als die Heimschläfer-Paare. Das Empfinden von Ein-schränkungen ist bei den Frauen in beiden Gruppen größer als bei den Männern. Einen signifikanten Einfluss auf die Rollenrestriktion hat die Anzahl der Auswärtsübernach-tungen bei den Männern. Es ist vor allem bei den Angaben der Männer interessant zu erkennen, dass die Auswärtsschläfer-Väter mehr Rollenrestriktion angeben als die Heimschläfer-Väter. Diese Skala hängt sowohl bei den Männern als auch bei den Frauen signifikant mit dem Stressempfinden und der Partnerschaft zusammen. Daraus lässt sich schließen, dass diese Paare eher persönliche Freiräume schaffen, indem der Partner oder die Partnerin dazu beiträgt, dass trotz familiärer Belastungen Zeit für Hobbys oder für ein Treffen mit FreundInnen usw. bleibt. Das Zusammenwirken beider Elternteile ist ohne eine ausreichende persönliche Zeitbestimmung nur schwer umsetzbar, vor allem dann, wenn eine Vereinnahmung durch die Familie wahrgenommen wird. An dieser Stelle ist anzuführen, dass Piloten ihre gesetzlich vorgeschriebene Erholungszeit zu Hause verbringen, wobei sie diese, unter dem Aspekt der Verantwortung gegenüber der Familie nicht immer als solche nutzen. Beispielsweise, wenn in der Zeit zu Hause ständig jemand etwas braucht bzw. alltägliche Arbeiten anfallen und dadurch die Zeit für eine Erholung erheblich verkürzt wird. Ein weiteres Beispiel sei hier angeführt: Ein Auswärtsschläfer-Pilot arbeitet fünf Tage zu je 12 Dienststunden, danach folgen zwei arbeitsfreie Tage. Die Erholungsphase ist, gemessen an den fünf Arbeitstagen, wenn man die Zeit für die Hin und Rückfahrt zur Arbeitsstelle (Flughafen) und für die zu erledigenden häuslichen und familienbezogenen Tätigkeiten rechnet, auf ein Minimum reduziert. In den zwei freien Tagen sollte nun die Zeit für Erholung und Entspannung

nachgeholt werden, was mit einer Familie, wie erwähnt, nicht einfach umzusetzen ist. Die Auswärtsschläfer-Piloten stehen dem Problem gegenüber, dass zu erledigende Dinge, wie Behördenwege oder Arbeiten zu Hause, liegen bleiben und in den freien Tagen nachgeholt werden müssen. Außerdem dürfen die körperliche Belastung und der Jetlag nicht außer Acht gelassen werden.

Dieser quantitativen Untersuchung ging eine qualitative mittels leitfadengestützten Experteninterviews voraus. Im folgenden Kapitel erfolgen eine Zusammenführung beider Auswertungsergebnisse und das Resümee.

6 Zusammenführung der Ergebnisse und Resümee

In diesem Kapitel werden die Untersuchungsergebnisse der Experteninterviews und der Fragebogenerhebung zusammengeführt und diskutiert. Das Ziel ist die Beantwortung der Forschungsfragen in Form eines Resümees.

- „Inwieweit beeinflusst ein antizyklischer und unregelmäßiger Arbeitsalltag eines Linienpiloten sein Beziehungsverhalten innerhalb der Familie sowie den gemeinsamen Lebensalltag und Erziehungsauftrag von Eltern?"

Die Einflussnahme auf das Beziehungsleben zeigt sich deutlich in der unregelmäßigen, verfügbaren Zeit, die von allen Familienmitgliedern Kompromissbereitschaft erfordert. Die Abwesenheit des Piloten von zu Hause kann eine emotionale Belastung sein, wenn er im Layover in einer anderen Stadt ist und lieber zu Hause bei der Familie wäre, aber auch umgekehrt, wenn die Familie gerne mit ihm Zeit verbringen würde. Das Wahrnehmen von Zeitmangel oder eines Gefühls von Einsamkeit, Entfremdung und Eifersucht kann entstehen. In der Zeit der Abwesenheit des Mannes entsteht auch in der Familie eine eigene Dynamik, mit den Herausforderungen des Alltags umzugehen, dadurch kann beim heimkehrenden Piloten das Gefühl entstehen, nicht mehr Teil des familiären Gefüges zu sein (vgl. Schneider/Limmer/Ruckdeschel 2002, S.154f). Das Problem besteht darin, dass die beiden Lebensformen divergieren. Während die Familie meistens zu Hause ist und ihren Alltag regelt, ist der Pilot unterwegs und bekommt keinen Eindruck von den Herausforderungen des familiären Alltags; Umgekehrt erhält die Familie keinen Eindruck von den beruflichen Gegebenheiten und deren Wirkung auf den physischen und psychischen Zustand des Vaters. Aufgrund des fehlenden gegenseitigen Einblickes in die jeweilige Lebenswelt entstehen schon allein durch die unterschiedliche Wahrnehmung Missverständnisse, die zu Konflikten führen können. Im Grunde muss man darauf hinweisen, dass Piloten zwei Leben führen, die nicht immer leicht vereinbar sind. Der Beziehungsalltag muss daher sehr flexibel gestaltet werden. Die Anwesenheit des Piloten zu Hause ist abhängig von seinem verfügbaren zeitlichen Kontingent. Inwieweit die Beziehung dadurch beeinträchtigt wird, ist abhängig von seinem Engagement und seiner persönlichen Einstellung, aber auch von der Familie selbst. Es entsteht dadurch oft ein Erwartungsdruck, wie die gemeinsame Zeit gestaltet werden soll. (vgl. Ducki/Meier 2001, S.30). Zusätzliche Herausforderungen in diesem Zusammenhang sind die Erwerbstätigkeit der Partnerin, der Umstand, ob das Kind schon die Schule besucht, und die Arbeiten, die die Haushaltsführung (Haushalt, Garten, Kinder, etc.) erfordern. Diese Gegebenheiten müssen jedoch nicht zu Belastungen führen, da eine adäquate Organisation und eine rege Kommunikation zu zufriedenstellenden Lebensformen führen könnten. Eine negative Sichtweise auf dieses flexible Familienleben wird in erster Linie von außenstehenden Personen thematisiert. Personen, die selbst in dieser Situation sind, sehen die Gegebenheiten weniger problematisch. Es ist auch immer zu beachten, wie weit der Einflussbereich eines sozialen Umfeldes reicht, das mit dieser Lebensform nicht vertraut ist. Eine hohe Einflussnahme kann Probleme erst dort entstehen lassen, wo zuvor keine waren (vgl. Schneider/Limmer/ Ruckdeschel 2002, S.125). Die Gestaltung des gemeinsamen Lebensalltags ist mit einem großen organisatorischen Aufwand der Eltern verbunden und erfordert manchmal auch die Beteiligung des Kindes.

Die Qualität einer Partnerschaft ist immer beeinflusst von der gegenseitigen Kommunikation und Unterstützung bzw. der Interaktion (vgl. Juul 2011, S.207). Entscheidend ist ebenso, wie die Aufgabenverteilung vor der Geburt des Kindes ausgesehen hat. Wenn von Beginn an bereits eine gegenseitige Unterstützung bestand, wird die Herausforderung durch ein Kind nicht so tiefgreifende Veränderungen mit sich bringen, da für das Paar vor dem ersten gemeinsamen Kind bereits deutlich war, welche Anforderungen ein flexibler, mobiler und entgrenzter Lebensalltag mit sich bringt. Aus diesem Grund sollte möglichst früh mit einer entsprechenden Vorbereitung hinsichtlich der zusätzlichen Herausforderungen begonnen werden, anderenfalls wird die Qualität der Paarbeziehung bald sinken (vgl. Fuhrer 2005, S.156).

Für die Eltern-Kind-Beziehung sind nach Wynne (1958, zit. n. Schneewind 1991, S.57ff) Bindung, Fürsorge, Kommunikation, gemeinsame Lösungsstrategien finden, etc. besonders wichtig (vgl. Schneewind 1991, S.57ff). Vor allem auf der emotionalen Ebene ist eine sogenannte „Wir-Orientierung" ausschlaggebend. Aus den Angaben der InterviewpartnerInnen geht hervor, dass die Beziehung bzw. Bindung zwischen den Müttern und den Kindern enger ist als zwischen den Vätern und ihren Kindern. Begründet wird diese Aussage damit, dass die Mütter mehr Zeit mit ihnen verbringen und sie bei wesentlichen Aufgaben und Herausforderungen unterstützen. Es wird die Vater-Kind-Beziehung als sehr gut beschrieben und die befragten Väter haben nicht den Eindruck, dass sich ihre Abwesenheit negativ auf ihre Kinder auswirkt, denn die Zeit, in der sie zu Hause sind, wird vorzugsweise mit den Kindern verbracht und für gemeinsame Spiele bzw. Aktivitäten genützt. Abschließend kann gesagt werden, dass der Beruf nicht zwangsläufig einen negativen Einfluss auf die Beziehungen innerhalb der Familie ausübt. Da die Qualität in der Beziehung eine wesentliche Rolle spielt, lässt sich auch mit Hilfe der Kompromissbereitschaft aller Familienmitglieder ein ausgeglichenes Familienleben schaffen.

- „Wie sieht elterliches Stresserleben, Einschränkungen, soziale Lebenswelt und Partnerschaft bei Linienpiloten im Personenluftverkehr und ihren Partnerinnen aus?"

Mit den beiden beschrieben Methoden (siehe die Kapitel 5.2 und 5.3) wurden die Erfahrungen der Heimschläfer-Paare und Auswärtsschläfer-Paare erfasst und in die vier Themengebiete Beruf „Linienpilot", soziale Lebenswelt, Bereicherungen und Belastungen unterteilt. Diese Unterteilung ermöglicht eine strukturierte und übersichtliche Beantwortung der Forschungsfrage.

Beruf „Linienpilot"
Der Beruf des „Linienpiloten" erfordert höchste kognitive, physische und psychische Anstrengungen. Strenge Einstellungsanforderungen und regelmäßige Kontrollen seitens des Luftfahrtunternehmens als auch von der Luftfahrtbehörde sind Grundvoraussetzungen für die Gewährleistung sicherer Flüge (vgl. Huchler 2013, S.12f). Im Rahmen dieser Untersuchung wurden daher die Arbeitssituation und der Arbeitsprozess berücksichtigt. Die beiden befragten Flugkapitäne aus den Experteninterviews verfügen über mehr als 20 Jahre Berufserfahrung und haben sehr genaue Kenntnisse über ihr Berufsfeld. Ihre Partnerinnen kennen diesen beruflichen Alltag ebenso bzw. haben Erfahrungen mit der Arbeit im Cockpit. Die eine Partnerin deshalb, weil sie selbst eine Pilotenlizenz besitzt, die andere, weil sie öfter ihren Mann auf seinen Flügen begleitete. Die Vorstellungen der beiden Paare, wie der Arbeitsalltag aussieht und welche Eigenschaften für einen Verkehrsflugzeugführer wichtig sind, sind nicht nur ähnlich, sondern auch sehr konkret. Sie führen folgende Eigenschaften, Kenntnisse und Fähigkeiten für einen Piloten als besonders wichtig an:
• Stressresistenz und Gelassenheit
• Übersichtlichkeit
• Konkrete Flugplanung und vorausschauende Arbeiten
• Analytisches Denken
• Räumliches Vorstellungsvermögen
• Belastbarkeit
• Umgang mit Standardverfahren und das genaue Einhalten von Vorschriften
• Körperliche Gesundheit
• Genauigkeit
• Disziplin
• Technisches Verständnis
• Flexibilität
• Konzentrationsfähigkeit
• Spontaneität
• Gute Sprachkenntnisse in Englisch
• Offenheit gegenüber wechselnden ArbeitskollegInnen

Zusammengefasst kann gesagt werden, dass sowohl eine strukturierte und gründlich geplante Flugvorbereitung als auch das vorausschauende und genaue Arbeiten während eines „Legs" (Flug vom Start- zum Zielflughafen) die Sicherheit gewährleisten. Das besagen auch die Beschreibungen von Hinkelbein und Dambier (2007), die im Kapitel 3.1. näher beschrieben sind.

Der Beruf ist nicht nur ein sehr verantwortungsvoller, sondern auch ein von vielen Vorannahmen geprägter. Wie bereits vorhin erwähnt, wird ein hohes Maß an Konzentrationsfähigkeit und strukturiertes Arbeiten unter schwierigen Bedingungen, wie Lärm oder Höhenstrahlung gefordert. Der „Autopilot" ist ein umfangreiches Unterstützungsinstrument, welches in der Lage ist, automatisch die programmierte Route bzw. den eingegebenen Kurs zu fliegen und dabei die Höhe zu halten. Mit Hilfe des ILS (Instrumenten-Lande-System) ist er sogar in der Lage, das Flugzeug beinahe selbständig zu landen. Aus diesem Grund gibt es auch die Vorannahme von nicht berufskundigen Personen, dass Piloten während des Fluges nichts zu tun hätten, da der Autopilot ihre Aufgaben übernimmt. Während des Fluges werden jedoch häufig Einstellungen geändert, zum Beispiel die Geschwindigkeit, die Höhe, der Kurs, etc. All diese Änderungen müssen jedoch manuell durchgeführt werden, wie auch zum Beispiel beim Landevorgang das Setzen der Landeklappen. (vgl. Brockhaus 2001, S.549). Die Entscheidung, wann ein Flugzeug eine Änderung vornehmen muss, wird vom Piloten gefällt, zum Beispiel eine Höhenänderung infolge von Turbulenzen oder Änderung der Flugroute infolge von Wetterverhältnissen, die eine Landung auf dem geplanten Zielflughafen nicht ermöglichten. Der Pilot ist folglich immer noch der Träger hoher Verantwortung. Er ist es, der die überlebensnotwendigen Entscheidungen trifft.

Eine weitere Vorannahme bezieht sich auf den hohen Verdienst der Piloten. Die folgende Abbildung zeigt das Einkommen der Lufthansa-Piloten im Gehaltsvergleich mit anderen Berufsgruppen:

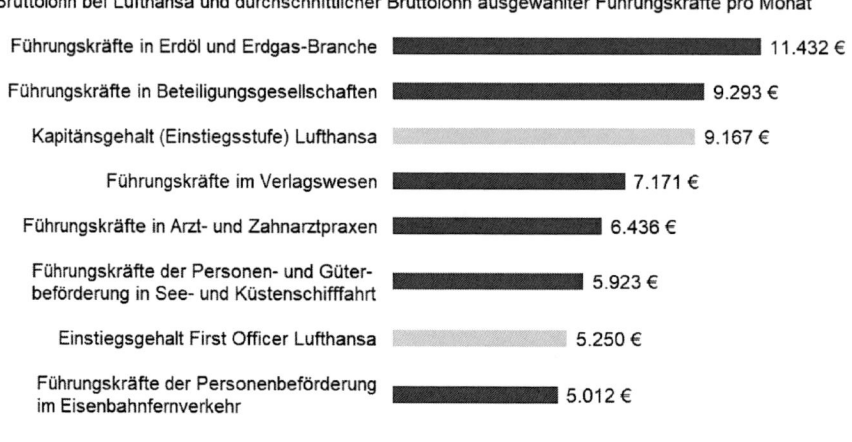

Abbildung 15: Die Gehälter der Lufthansa-Piloten im Vergleich
(übernommen aus: Frankfurter Allgemeine 2014)

Gemessen an der Verantwortung und der Haftung gegenüber der Crew, den Passagieren und dem Flugzeug ist dieses Gehalt immer noch als gering zu betrachten, wie dies bereits in Kapitel 3 detailliert beschrieben wurde. Die ständig wiederkehrenden Diskussionen führen möglicherweise auch dazu, dass sich Piloten nicht wertgeschätzt oder in ihrer Fachkompetenz degradiert fühlen.

Weitere Vorannahmen thematisieren die Untreue bzw. die Affären von Piloten. Hier ist grundsätzlich die Frage zu stellen, ob Piloten tatsächlich als Berufsgruppe eine nennenswerte Fremdgehquote aufweisen. Da es in der Literatur diesbezüglich keine fundierten Studien gibt, wird auf diesen Punkt nicht näher eingegangen.

Eine der häufigsten angenommenen Vorannahmen heroisiert das Berufsbild des Piloten. Er wird als Weltenbummler gesehen, der viele verschiedene Länder bereist und sich mit anderen Kulturen befasst sowie viel Freizeit hat (vgl. Grohmann/Großmann 2011, S.11f).

Abschließend kann zusammengefasst werden, dass es sich beim Beruf des Linienpiloten um einen verantwortungsvollen und hochqualifizierten Beruf handelt, der eine Faszination auf Außenstehende ausübt. Der Pilot kann durch sein hohes Anforderungsprofil eine Vorbildwirkung hervorrufen, jedoch gleichzeitig mit Neid konfrontiert sein. Um diesen Beruf auch über einen längeren Zeitraum ausüben zu können bzw. den Arbeitsanforderungen zu entsprechen, ist die Motivation ein wesentlicher Faktor. Der Berufsalltag ist nicht nur von unregelmäßigen Dienstzeiten und hoher Sozialkompetenz im Umgang mit der Crew, dem BodenmitarbeiterInnen und den Passagieren geprägt sondern er beeinflusst auch das Privatleben und das Familienleben. Wenn ein Pilot seinen Beruf als Berufung wahrnimmt, wird er eher bereit sein, sein Berufs- und Privatleben in Einklang zu bringen. Bezogen auf die Arbeitsanforderungen selbst, sind die Herausforderungen sehr unterschiedlich und teilweise nicht vorhersehbar, was sich speziell im Reiseflug zeigen kann und ein hohes psychisches Belastungspotential mit sich bringt (vgl. Pongratz 2002, S.17-1). Als Beispiele können genannt werden technische Probleme oder Anflüge zu Destinationen, die ein hohes Risiko in sich bergen. Als eine Herausforderung wird von einem der befragten Piloten das Einschulen von FlugschülerInnen im Linienflugverkehr gesehen, da unerfahrene KollegInnen noch viel Unterstützung und Kontrolle brauchen. Die Kommunikation im Cockpit bzw. mit der gesamten Crew ist eine der wichtigsten Aufgaben. Diese wird gezielt in CRM-Seminaren trainiert (vgl. Olthoff/Hinsch 2013, S.194). Eine der größten Herausforderungen im Berufsleben sind die regelmäßigen Überprüfungen und Tests im Simulator und während der Linienflüge zwei Mal im Jahr. Diese Checks sind entscheidend für die Erhaltung der Fluglizenz, welche strengen Kontrollen nach gesetzlichen Richtlinien unterworfen ist. (vgl. Verordnung der Europäischen Kommission 2011, o.S.).

Die soziale Lebenswelt

Die soziale Lebenswelt besteht primär aus der Partnerschaft, der Eltern-Kind-Beziehung und dem sozialen Umfeld. Die Partnerschaft erfordert eine konkrete zeitliche Planung und eine genaue Absprache aufgrund der unregelmäßigen Dienstzeiten. Um die Partnerschaftszufriedenheit aufrecht erhalten zu können und sich gegenseitig zu unterstützen, bedarf es einer intensiven Kommunikation, nicht nur über die Beziehung selbst, sondern auch über die anfallenden familienbezogenen Aufgaben. Aus den Angaben der InterviewpartnerInnen geht hervor, dass je besser und wertschätzender diese Kommunikation ist, desto harmonischer die Partnerschaft gelebt wird. Speziell wenn es um die Aufgabenverteilung und die Umsetzung der anstehenden Tätigkeiten geht, können Missverständnisse entstehen. Eine mangelnde Kommunikation führt zu Konflikten, zu Verständnislosigkeit und Distanz zwischen den PartnerInnen. Eine gut funktionierende Partnerschaft ist das Fundament einer Familie, und deshalb sollte sie einen gleichwertigen Stellenwert gegenüber der Eltern-Kind-Beziehung einnehmen (vgl. Juul 2011, S.277ff). Ein wesentlicher Punkt der Zufriedenheit in der Partnerschaft ist somit der Stellenwert des Kindes und die Frage, inwieweit das Kind zu Konflikten beiträgt. Ebenso entscheidend ist das Ausmaß der wahrgenommenen gegenseitigen Unterstützung bei der Kindererziehung und -betreuung bzw. inwieweit darin Einigkeit herrscht, beispielsweise wenn die Mutter den Vater bei seiner Betreuungstätigkeit kontrolliert und zurechtweist. Ein unterschiedliches Konfliktverhalten kann möglicherweise ebenso zu Unzufriedenheit führen. Die Ergebnisse aus der Fragebogenuntersuchung haben ergeben, dass die Heimschläfer-Paare zufriedener sind in ihrer Partnerschaft als die Auswärtsschläfer-Paare. Wie schon in Kapitel 5.3.7. erwähnt, ist hier wahrscheinlich die Zeit ein wesentlicher Faktor. Die Heimschläfer-Piloten sind, wenn auch nur für kurze Zeitintervalle, häufiger zu Hause, während die Auswärtsschläfer-Väter zwar mehrere Tage am Stück zu Hause sind, dann aber wieder einige Zeit gänzlich wegbleiben. Der Vorteil der Heimschläfer-Paare ist der, dass sie das gemeinsame Zeitvolumen möglicherweise leichter einteilen können.

Das gemeinsame Zeitverbringen ohne Kind bzw. ohne Kinder ist ein essentieller Faktor für die Partnerschaftszufriedenheit, aber auch das gegenseitige Wahrnehmen bzw. das Aufbringen von gegenseitigem Verständnis. Aus den Angaben der ProbandInnen geht hervor, dass, je verständnisvoller und wertschätzender der gegenseitige Umgang ist, desto positiver die Eigenschaften der PartnerInnen beschrieben werden.

Das Kind bzw. die Kinder sollten im familiären Kontext denselben Stellenwert haben, wie die Paarbeziehung, denn nur auf diese Weise ist ein ausgeglichenes Zusammenleben möglich. Wenn unter dieser Voraussetzung die Eltern-Kind-Beziehung genauer betrachtet wird, so wird sie von den meisten ProbandInnen als gut, innig und herausfordernd beschrieben. Die Väter sehen in ihrer Abwesenheit kein Problem für ihre Kinder. Sie geben an, dass sie sich regelmäßig bzw. sogar oft zu Hause melden und räumen ein, dass sie feststellen, dass sie vermisst werden und die Kinder sich sehr freuen, wenn sie wieder nach Hause kommen, wodurch ihrer Meinung nach die Vater-Kind-Beziehung keine Beeinträchtigung erfährt. Zeitweise werden die Kinder allerdings vom

Vater als anstrengend empfunden, vor allem dann, wenn eine Ruhezeit nach dem Dienst benötigt wird. Die Mutter-Kind-Beziehung bzw. Bindung wird aber teilweise als enger beschrieben. Die Mütter haben den Eindruck, dass die Kinder sich gut auf die An- und Abwesenheit des Vaters einstellen können, aber unterschiedlich damit umgehen. Es hat sich auch herausgestellt, dass Konflikte und Stress eher entstehen, wenn unterschiedliche Erziehungsstile praktiziert werden. Im Großen und Ganzen werden die Kinder als kooperativ und unkompliziert beschrieben. Die älteren unterstützen sogar ihre Eltern bei den Hausarbeiten. Außerdem besteht die Annahme, dass für die Kinder diese Unregelmäßigkeit in der Ab- und Anwesenheit des Vaters nichts Ungewöhnliches ist, da sie von Geburt an keine andere Form des Zusammenlebens kennengelernt haben. Im Gegenteil, diese familiäre Situation ist für sie normal.

Weitere wesentliche Bezugspersonen sind Familienmitglieder aus der Herkunftsfamilie sowie Freunde. Am häufigsten erfährt die Kernfamilie Unterstützung durch die Übernahme von Betreuungstätigkeiten, wenn die Eltern arbeiten müssen. Außerdem wird teilweise von den Eltern nicht nur sehr vorausschauend geplant, sondern es werden auch Alternativen bereitgehalten, auf die spontan zurückgegriffen werden kann. Es steht also ein großes Netzwerk an Verwandten und Freunden in Notfällen zur Verfügung. Zudem werden Kinderbetreuungseinrichtungen und Tageseltern mit einbezogen. Damit die kindliche Betreuung tatsächlich reibungslos funktioniert, muss rechtzeitig nach Möglichkeiten gesucht werden. Neben den kindbezogenen Aufgaben ist die Pflege von Freundschaften ebenso wichtig. Dabei werden als Beispiele Treffen mit FreundInnen ohne Kind bzw. ohne Kinder und gemeinsame Urlaube mit FreundInnen angeführt. Die soziale Lebenswelt umfasst nicht nur die Unterstützung in Form von Kinderbetreuung und ein Treffen mit FreundInnen, sondern auch Aspekte der fachlichen, psychischen oder kognitiven Unterstützung, wenn Unsicherheiten oder Überforderung auftreten. Das Ergebnis aus der Fragebogenuntersuchung besagt, dass es keine eindeutigen Zusammenhänge zwischen Stresserleben, Partnerschaft, Rollenrestriktion und sozialer Unterstützung gibt. Daraus könnte man schließen, dass Eltern ungern zugeben, dass sie fachliche, psychische oder kognitive Hilfe im Umgang mit ihren Kindern brauchen.

Die Anzahl der Auswärtsübernachtungen spielt für das Familienleben durchaus eine Rolle, was die Ergebnisse der Interviews und Fragebogenuntersuchung belegen. Es geben die Frauen an, mehr soziale Unterstützung zu brauchen als ihre Männer. Das liegt möglicherweise daran, dass sie bei spontan auftretenden Schwierigkeiten meistens auf sich allein gestellt sind. Ein typisches Beispiel dafür ist die plötzliche Erkrankung eines Kindes, wenn der Vater bereits auf einer mehrtägigen Dienstreise ist. Im Falle einer berufstätigen Mutter würde das bedeuten, dass das Kind die Betreuungseinrichtung nicht aufsuchen kann und entweder Pflegeurlaub oder eine andere Betreuungsperson für zu Hause genommen werden muss.

Zusammenfassend kann gesagt werden, dass das Pflegen der Beziehungen innerhalb und außerhalb der Familie unumgänglich ist, wenn es um möglichst reibungslose familiäre Abläufe geht, bzw. darum, dass das eigene Leben einigermaßen in Balance gehalten wird. Das Privatleben sollte nach Möglichkeit durchaus als entlastender Faktor gesehen werden, der Geborgenheit und Wertschätzung bietet (vgl. Huchler 2013, S.54f). Für ein mobiles und flexibles Leben, das viel Rücksichtnahme von allen Beteiligten fordert, ist das Hervorheben von Bereicherungen essenziell, da sich diese auf die Zufriedenheit und die Gesundheit auswirken. Das belegen die Ergebnisse des U.S. National Institutes of Mental Health (vgl. Levine/Pittinsky 2002, S.116f).

<u>Bereicherungen</u>

Unter Bereicherungen versteht man jene berufsbedingten Gegebenheiten, die das Privatleben zum Beispiel als Ressource bereichern. Die Befragten schätzen den Einfluss des Berufslebens auf das Privatleben eher positiv ein, besonders dann, wenn die berufliche Tätigkeit im Großen und Ganzen als zufriedenstellend beschrieben wird. Es wird dabei auf die zeitlichen und räumlichen Annehmlichkeiten verwiesen, wie mehrere freie Tage am Stück oder interessante Ziele im Layover, etc. Da das Berufsleben in dieser Form bei den Befragten bereits vor der Familiengründung bestand, sehen die Eltern darin keine großen Schwierigkeiten für ihre Kinder, da diese bereits von Geburt an in diese Lebensform involviert sind. Speziell dann, wenn beide PartnerInnen in den Flugbetrieb eingebunden sind, ist allen Familienmitgliedern die Herausforderung einer flexiblen und mobilen Lebensgestaltung bekannt und stellt keine ungewöhnliche und unbekannte Situation dar. Es entsprechen die ständigen Veränderungen eher der Gewohnheit. Etwas anders gestaltet ist die Situation, wenn die Partnerin ein nicht flexibles und mobiles Arbeitsumfeld hat. In diesem Fall sind gegenseitiges Verständnis und Rücksichtnahme bzw. das Wissen, dass andere Herausforderungen den Alltag bestimmen, zu beachten. Anders wäre die Situation auch, wenn eine neue Partnerin ein Kind in die Beziehung mitbringt oder durch Adoption bzw. Pflegeelternschaft, etc. ein Kind in die Familie integriert wird. Da ein solches Kind davor möglicherweise nicht mit den flexiblen und mobilen Herausforderungen konfrontiert war, muss es ein völlig neues Familienleben kennenlernen. Auf dieses Thema wird aber in dieser Dissertation nicht näher eingegangen.

Da es einen Zusammenhang zwischen der Zufriedenheit und der Einschätzung der Erwerbsarbeit gibt, ist festzuhalten, dass je zufriedener die ArbeitnehmerIn ist, desto besser auch die Work-Life-Balance von ihr gesehen wird (vgl. Häußler 2008, S.42). Wenn man diese Erkenntnis auf die Angaben der Befragten der Berufsgruppe der Linienpiloten und ihren PartnerInnen bezieht, lässt sich daraus schließen, dass im Wesentlichen eine große Berufszufriedenheit besteht. Ob die Familie die berufsbedingten Gegebenheiten letztlich als positiv oder negativ wahrnimmt, hängt im Grunde von der individuellen Gestaltung des Familienalltags und -lebens ab.

Wenn man sich auf die Ergebnisse der Interviewbefragung stützt, lassen sich wesentliche Bereicherungen aus dem Berufsleben des Piloten für die gesamte Familie hervorheben. Diese werden in fünf Punkten zusammengefasst:

- Der Beruf weckt die Begeisterung und wird von der Familie als interessant empfunden. Eine positive Wirkung auf das Familienleben zeigt sich vor allem dann, wenn die Piloten selbst ihre Tätigkeit als Bereicherung betrachten. Aus den Angaben der Partnerinnen geht noch hervor, dass sie Erzählungen aus dem Berufsalltag und dem Layover spannend finden.
- Das Einkommen wird als gut wahrgenommen, vor allem dann, wenn keine Ausbildungskosten mehr abzuzahlen sind. Allerdings wird zudem angegeben, dass der Verdienst nicht in Relation zur Verantwortung steht und aus Sicht der Befragten durchaus höher sein könnte.
- Durch die Arbeitszeiteinteilung wird durch den Gesetzgeber und den Tarifvertrag eine gewisse Stundenanzahl als sogenannte „Ruhezeit" gewährleistet (vgl. Verordnung (EWG) Nr. 3922/91, S.1f). Diese trägt dazu bei, dass sich mehrere arbeitsfreie Tage ergeben, wodurch eine familienfreundliche Freizeitgestaltung möglich wird.
- Die Fluggesellschaften, wo die Untersuchungsteilnehmer beschäftigt sind, ermöglichen ihren MitarbeiterInnen vergünstigte Tickets für private Flugreisen. Diese gelten auch für PartnerInnen und Kinder. Zudem gibt es noch Vergünstigungen bei Hotelnächtigungen, was häufige Urlaube für die ganze Familie günstiger macht.
- Die Requestmöglichkeiten in jedem Monat sowie die gesetzlichen und tariflichen Ruhezeiten schaffen eine gewisse Stabilität in der Planung und Strukturierung des Privatlebens. Dadurch können gewisse Termine einen Monat im Voraus berücksichtigt werden. Eine gezielte Strukturierung des Dienstplanes kann sogar die Anwesenheit des Piloten bei diversen Festen, wie zum Beispiel dem Kindergeburtstag gewährleisten. Zu bedenken ist hier nur, dass die gewünschte Einteilung, die von den MitarbeiterInnen selbst getroffen wurde, nicht immer vom Team der Crewplanung berücksichtigt werden kann. Aber dafür gibt es die Möglichkeit, die sogenannten „Off-Tage" einzusetzen, die jeder bzw. jede MitarbeiterIn monatlich zur Verfügung hat, denn diese werden in der Regel immer freigehalten. Die Einteilung des Flugdienstplanes ermöglicht zudem, aufgrund der gesetzlich vorgeschriebenen Ruhezeit, weitere freie Tage.

Abschließend kann gesagt werden, dass der Beruf durchaus einige Annehmlichkeiten bereitet, die unter anderen Umständen nicht so einfach möglich wären. Inwieweit eine Situation als Bereicherung oder Belastung wahrgenommen wird, hängt immer mit der Strukturierung der Lebensplanung und der Bereitschaft zu Veränderung zusammen. Für anpassungsfähige Menschen kann der Beruf durchaus als familienfreundlich erachtet werden. Die Belastungen, die das Familienleben durch den Beruf erlebt und die der Beruf selbst für die Piloten darstellt, werden im folgenden Abschnitt beschrieben.

Belastungen
Die Verantwortung der Linienpiloten, im Besonderen, die der Flugkapitäne, ist sehr groß. Hohe geistige und körperliche Beanspruchung werden gefordert. Die Empfindung der körperlichen Belastung nimmt mit dem Alter zu, weshalb längere Erholungsphasen

nötig werden. Der Prozess des Fliegens selbst wird nicht als Belastung empfunden, aber die zusätzlichen Aufgaben stellen eine Herausforderung dar. Dazu gehören Interaktionen mit Crewmitgliedern, mit Passagieren, aber auch Wetterbedingungen, technische Schwierigkeiten, etc. Pongratz (2002) bestätigt aus flugmedizinischer Sicht, dass die fliegerische Tätigkeit komplexe kognitive, physische und psychische Höchstleistungen erfordert (vgl. Pongratz 2002, S.17-1). Das heißt unter anderem, Situationen und Risiken entsprechend einzuschätzen und Problemlösungsstrategien zu finden, um lebensbedrohliche Situationen abzuwenden (vgl. Steininger 2000, S.29).

Die Zeit bzw. der empfundene Zeitmangel ist der entscheidende Faktor im Hinblick auf Freiräume und Einschränkungen in Bezug auf das Familienleben. Interessant ist es, aus den Ergebnissen der Fragebogenuntersuchung zu entnehmen, dass die Auswärtsschläfer-Paare mehr Rollenrestriktion wahrnehmen als die Heimschläfer-Paare. Daraus lässt sich schließen, dass die Auswärtsschläfer-Piloten ihre freien Tage möglicherweise nicht so effektiv für sich nutzen können, und wahrscheinlich diese Zeit eher für zusätzliche häusliche Arbeiten und anfallende Aufgaben, wie Behördenwege, etc. verwenden. Die Organisation und Planung der familiären Abläufe sollte die persönlichen Freiräume berücksichtigen. Wenn die Absprache zwischen den PartnerInnen nicht genau getroffen wird, können Missverständnisse oder ein Gefühl des „Nicht-Gebraucht-Werdens" entstehen. So wird zum Beispiel von den Interviewpartnern angemerkt, dass Aufgaben, die nicht dringend zu erledigen sind, von ihren Partnerinnen delegiert werden sollten.

Viele Eltern versuchen möglichst viel Zeit mit ihren Kindern zu verbringen, stellen aber oft fest, dass ihnen dadurch zu wenig Zeit für sich selbst bleibt. Einfacher ist die Situation, wenn beim Paar oder innerhalb der Familie ähnliche Interessen bestehen und dadurch gemeinsame Aktivitäten gesetzt werden können. Dennoch sind Freiräume ohne Familie genauso wichtig. In dieser Zeit kann eine individuelle Entfaltung beider Elternteile stattfinden. Je besser sich ein Paar diesbezüglich abspricht, umso eher kann jeder bzw. jede PartnerIn diese Zeit nach individuellen Vorstellungen gestalten, ohne dabei den anderen einzuschränken. Unerlässlich ist es, dass ein ständiger Ausgleich geschaffen wird, um die Lebenszufriedenheit zu erhalten. (vgl. Blasche 2010, S.4).

Wie bereits bei den Bereicherungen angeführt, ist eine antizyklische Freizeitgestaltung im Grunde sehr positiv zu bewerten. Wenn die Partnerin aber einer Erwerbstätigkeit mit starr geregelten Arbeitszeiten (Montag bis Freitag) nachgeht, kann sie bei spontan getroffenen Aktivitäten, wie zum Beispiel bei einem Ausflug mit ihrer Familie, nicht mitkommen. Es kann sein, dass dadurch nur wenig gemeinsame Zeit verbracht werden kann, da der Pilot am Wochenende wieder arbeiten muss. Besonders einschränkend ist die Situation für die Partnerin, wenn sie besonderen Wert auf geregelte Abläufe legt, wie zum Beispiel auf gemeinsame Essenszeiten.

Es ist schon bei der Familiengründung zu berücksichtigen, dass die Organisation der beruflichen und privaten Lebenspläne einer erhöhten Aufmerksam bedarf und es nur eine geringe Planungssicherheit gibt. Eine wesentliche Orientierungshilfe ist allerdings die Stabilität der Einsatzpläne, weshalb diese auch als entscheidender Faktor hinsichtlich der Arbeitszufriedenheit zu sehen sind (vgl. Huchler 2013, S.58f). Ein weiterer wichtiger Punkt betrifft die Erreichbarkeit des Arbeitsplatzes. Bei einigen Piloten stellt das Pendeln zwischen Wohnort und Station kein Problem dar, auch dann nicht, wenn die An- und Abreise per Flugzeug (shutteln) zum Dienst erfolgt. Dies kann sich jedoch jederzeit ändern, wodurch langfristige Entscheidungen schwer zu treffen sind. Gründe für Veränderungen können sein:

• Wenn die Station in der Heimatstadt aufgelassen wird und der Arbeitsplatz (Station) in eine andere Stadt verlegt wird.

• Wenn durch das Auflassen einer Flugroute die Station vom Wohnort aus nicht mehr erreicht werden kann.

• Wenn die Flugroute durch eine andere Airline übernommen wird, die kein Kooperationspartner des Arbeitgebers ist und dadurch enorme Kosten für das Flugticket entstehen.

Eine neue Stationierung betrifft nicht nur einen Wohnortwechsel, sondern auch den Aufbau eines neuen sozialen Netzwerkes bzgl. einer Kinderbetreuung, etc. - möglicherweise auch einen Arbeitsplatzwechsel der Partnerin. Dies kann zu zahlreichen Diskussionen zwischen den Partnern und zu Stress führen.

Abschließend kann festgehalten werden, dass die Belastungen des Berufsfeldes „Linienpilot" nur durch zeitliche Gegebenheiten einen wesentlichen Einfluss auf das Familienleben ausüben, aber nicht zwangsläufig als negativ wahrgenommen werden. Wenn eine offene Planung, ein gutes soziales Netzwerk inklusive Ersatzlösungen und gegenseitige Unterstützung vorliegen, wird die Lebenssituation sogar als sehr positiv und bereichernd wahrgenommen. Resümierend kann festgehalten werden, dass die persönliche Einstellung und die Bereitschaft aller Beteiligten sich gegenseitig zu unterstützen gefordert ist. Die gewonnenen Erkenntnisse über die präzise strukturierte Lebensführung der Linienpiloten mit ihren Familien können als Vorbild für verschiedene Berufsgruppen betrachtet werden. Der Umgang mit Herausforderungen, den Piloten-Familien praktizieren, zeigt einen gelungenen Beitrag zu einer zufriedenstellenden Lebensgestaltung sowohl im Berufs- als auch im Privatleben.

In diesem Zusammenhang wäre eine Folgestudie, die die Sichtweise und die Wahrnehmung des Kindes in dieser Lebenssituation beleuchtet, interessant.

7 Literaturverzeichnis

AHNE, Verena (2012): …Eltern sein dagegen sehr. In: GASCHLER, Katja/BUCHHEIM, Anna (Hrsg.): Kinder brauchen Nähe. Sichere Bindung aufbauen und erhalten. Stuttgart: Schattauer Verlag. S.91–102.

AHNERT, Lieselotte (2008): Bindung und Bonding: Konzepte früher Bindungsentwicklung. In: Ahnert, Lieselotte (Hrsg.): Frühe Bindung. Entstehung und Entwicklung. München: Reinhardt Verlag. S.63–81.

Air Berlin: Der Berufsalltag unserer Piloten. In: http://fs.airberlin.com/de-DE/berufsalltag.php [13.01.2016].

ALT, Christian/LANGE, Andreas (2011): Kindschaftskonstellationen in Vater-Mutter-Familien und in Einelternfamilien. In: SCHWAB, Dieter/VASKICICS, Laszlo (Hrsg.): Pluralisierung von Elternschaft und Kindschaft. Familienrecht, -soziologie und -psychologie im Dialog. Sonderheft Zeitschrift für Familienforschung 8. Leverkusen: Verlag Barbara Budrich. S.139–156.

ASISI, Vaidilute (2015): Entwicklungsbedingungen im Kontext der Eltern-Kind-Beziehung. Chancen und Risiken in der Interaktion mit Mutter und Vater. Wiesbaden: Springer Verlag.

BAMLER, Vera/WERNER, Jillian/WUSTMANN, Cornelia (2010): Lehrbuch Kindheitsforschung. Grundlagen, Zugänge und Methoden. Weinheim: Juventa Verlag.

BERTHOLD, Luise/SCHÜTZ, Astrid (2010): Stress im Arbeitskontext. Ursachen, Bewältigung und Prävention. Weinheim: Beltz.

BAUM, Doris (2006): Elternschaft als Bildungsthema – Eine interdisziplinäre Untersuchung zu Grundlagen, Problemen und Perspektiven der Elternbildung im deutschsprachigen Raum einschließlich einer repräsentativen Elternbefragung in Oberösterreich. Linz: Trauner Verlag.

BEYER, Anke/LOHAUS, Arnold (2007): Konzepte zur Stressentstehung- und Stressbewältigung im Kindes- und Jugendalter. In: SEIFFGE-KRENKE, Inge/LOHAUS, Arnold (Hrsg.): Stress und Stressbewältigung im Kindes- und Jugendalter. Göttingen: Hogrefe Verlag GmbH&CoKG.

BLASCHE, Gerhard (2010): Psychologie der Erholung unter besonderer Berücksichtigung des Tourismus. In: Psychologie in Österreich 1/2010 URL: http://www.blasche.at/fileadmin/docs/Publikationen/PIOe_01_10_Blasche.pdf [22.1.2016].

BMFSF; Bundesministerium für Familie, Senioren, Frauen und Jugend (1998): Zehnter Kinder- und Jugendbericht. Bericht über die Lebenssituation von Kindern und die Leistungen der Kinderhilfen in Deutschland. Bonn.

BODENMANN, Guy/GMELCH Simone (2009): Stressbewältigung. In: Margraf Jürgen/Schneider Silvia (Hrsg.): Lehrbuch der Verhaltenstherapie. Band 2: Störung im Erwachsenenalter – Spezielle Indikationen – Glossar. Berlin: Springer Verlag.

BOGNER, Alexander/MENZ, Wolfgang (2005): Expertenwissen und Forschungspraxis: die modernisierungstheoretische und die methodische Debatte um die Experten. Zur Einführung in ein unübersichtliches Problemfeld. In: BOGNER, Alexander/LITTIG, Beate/MENZ, Wolfgang (Hrsg.): Das Experteninterview. Theorie, Methode, Anwendung. Wiesbaden: VS Verlag für Sozialwissenschaften. S.7–30.

BOGNER, Alexander/MENZ, Wolfgang (2005)b: Das theoriegenerierende Experteninterview: Erkenntnisinteresse, Wissensform, Interaktion. In: BOGNER, Alexander/LITTIG, Beate/MENZ, Wolfgang (Hrsg.): Das Experteninterview. Theorie, Methode, Anwendung. Wiesbaden: VS Verlag für Sozialwissenschaften. S.33–70.

BOWLBY, John (1984): Bindung. Eine Analyse der Mutter-Kind-Beziehung. Frankfurt: Fischer Verlag.

BOWLBY, John (2010): Frühe Bindung und kindliche Entwicklung. München: Ernst Reinhardt Verlag.

BROCKHAUS, Rudolf (2001): Flugregelung. Berlin Springer Verlag.

BULLOCK, Heather/WAUGH, Morales (2004): Caregiving around the clock: How women in nursing manage career and family demands. Journal of Social Issues, 60(4), S.767–786.

LFG – Luftfahrtgesetz: Bundesgesetz vom 2. Dezember 1957 über die Luftfahrt. Gesamte Rechtsvorschrift für Luftfahrtgesetz, Fassung vom 15.12.2015. In:https://www.ris.bka.gv.at/GeltendeFassung. wxe?Abfrage=Bundesnormen&Gesetzesnummer=10011306 [15.12.2015].

COLTRANE, Scott (2000): Research on household labour: Modelling and measuring the social embeddedness of routine family work. Journal of Marriage and the Family, 62, 1208-1233.

DEUTSCHE LUFTHANSA AG (o.J.): Cockpit Careers. Arbeiten und Leben. In: http://www.lufthansa-pilot.de/[13.01.2016].

DEUTSCHE LUFTHANSA AG (o.J.) a: Lehrgang im Überblick. In: http://www.lufthansa-pilot.de/ ausbildung/lehrgang/ablauf/ablauf.php [13.01.2016].

DOMSCH, Holger/LOHAUS, Arnold (2010): Elternstressfragebogen. Göttingen: Hogrefe Verlag.

DORNES, Martin (2008): Psychoanalytischer Aspekt der Bindungstheorie. In: Ahnert, Lieselotte (Hrsg.): Frühe Bindung. Entstehung und Entwicklung. München: Reinhardt Verlag. S.42–62.

DUCKI, Antje/MEIER, Wolfgang (2001): Belastungen und Ressourcen der Mobilität: Erste Ergebnisse der Pendlerbefragung im Auswärtigen Amt. In: BMFSF (Hrsg.): Dokumentation des Workshops Mobilität und Familie. Aktuelle Erkenntnisse aus Wissenschaft und Praxis. Berlin. S.22–33.

EPPEL, Heidi (2007): Stress als Risiko und Chance. Grundlagen von Belastung, Bewältigung und Ressourcen. Stuttgart: Kohlhammer Verlag.

FRANKFURTER ALLGEMEINE (2014): Lufthansa-Piloten verdienen so viel wie Führungskräfte. In: http://www.faz.net/aktuell/wirtschaft/unternehmen/lufthansa-piloten-verdienen-so-viel-wie-fuehrungskraefte-12874293.html [14.01.2016].

FRISCHENSCHLAGER, Oskar (2004): Organisationsebene des Bindungssystems. In: ETTRICH, Klaus Udo (Hrsg.): Bindungsentwicklung und Bindungsstörungen. Stuttgart Georg Thieme Verlag. S.19–25.

FTHENAKIS, Wassilios/KALICKI, Bernard/PEITZ, Gabriele (2002): Paare werden Eltern. Die Ergebnisse der LBS-Familien-Studie. Opladen: Leske und Budrich Verlag. URL: http://www.pedocs.de/ volltexte/2009/813/pdf/Fthenakis_et_al_Paare_werden_Eltern.pdf

FTHENAKIS, Wassilios/MINSEL, Beate (2002): Die Rolle des Vaters in der Familie. In: Schriftreihe des Bundesministeriums für Familie, Senioren, Frauen und Jugend (Hrsg.). Berlin: Kohlhammer Verlag. URL: http://www.bmfsfj.de/RedaktionBMFSFJ/Broschuerenstelle/Pdf-Anlagen/PRM-24420-SR-Band-213,property=pdf,bereich=bmfsfj,sprache=de,rwb=true.pdf [23.02.2014].

FTHENAKIS, Wassilios (2002): Mehr als Geld? Zur (Neu-) Konzeptualisierung väterlichen Engagement. In: FTHENAKIS, Wassilios/TEXTOR, Martin (Hrsg.): Mutterschaft, Vaterschaft. Weinheim: Beltz Verlag. URL: http://www.kindergartenpaedagogik.de/704a.pdf [23.2.2014].

FUHRER, Urs (2005): Lehrbuch der Erziehungspsychologie. Bern: Hans Huber Verlag.

GERSCHLAGER, Caroline (1993): Konturen der ‚Entgrenzung' zu Fortschritt und Knappheit. In: BERGER, Wilhelm/PELLERT, Ada (Hrsg.): Der verlorene Glanz der Ökonomie. Kritik und Orientierung. Wien: Falter Verlag. S.249-280.

GLÄSER, Jochen/LAUDEL, Grit (2004): Experteninterviews und qualitative Inhaltsanalyse. Wiesbaden: VS Verlag für Sozialwissenschaften.

GLOGER-TIPPELT, Gabriele (1989): Der Übergang zur Elternschaft. In: Petzold, Bettina/FRIED, Lilian (Hrsg.): Einführung in die Familienpädagogik. Weinheim: Betz Verlag, S.89–105.

GLOGER-TIPPELT, Gabriele (2007): Eltern-Kind- und Geschwisterbeziehung. In: ECARIUS, Jutta (Hrsg.): Handbuch Familie. Wiesbaden: VS Verlag für Sozialwissenschaften. S.157–178.

GLOGER-TIPPELT, Gabriele (2008): Individuelle Unterschiede in der Bindung und Möglichkeiten ihrer Erhebung bei Kindern. In: Ahnert, Lieselotte (Hrsg.): Frühe Bindung. Entstehung und Entwicklung. München: Reinhardt Verlag. S.82–109.

GOLDGRUBER, Judith (2012): Organisationsvielfalt und betriebliche Gesundheitsförderung. Eine explorative Untersuchung. Wiesbaden: Gaber Verlag.

GREENHAUS, Jeffrey H./POWELL, Gary N. (2006): When Work and Families are Allies: A Theory of Work-Family-Enrichment. Academy of Management Review, 31(1), S.72–92.

GROSSMANN, Klaus E./BECKER-STOLL, F, GROSSMANN, Karin/KINDLER, Heinz/SCHIECHE, Michael/SPANGLER, Gottfried/WENSAUER, Mirjam und ZIMMERMANN, Peter (1997): Die Bindungstheorie: Modell, entwicklungspsychologische Forschung und Ergebnisse. In: KELLER, Heidi (Hrsg.): Handbuch der Kleinkindforschung (S.31–55). Berlin: Springer.

GROHMANN, Judith/GROSSMANN, Dagmar (2011): Mythos Pilot. Von Abenteurern und coolen Typen. Faszination und Alltag im Cockpit. Wien: Molden Verlag.

GROSSMANN, Klaus (2008): Theoretische und historische Perspektiven der Bindungsforschung. In: Ahnert, Lieselotte (Hrsg.): Frühe Bindung. Entstehung und Entwicklung. München: Reinhardt Verlag. S.21–41.

GROSSMANN, Klaus E./GROSSMANN, Karin/WINTER, Monika/ZIMMERMANN, Peter (2002): Bindungsbeziehungen und Bewertung von Partnerschaft. Von früher Erfahrung feinfühliger Unterstützung zu späterer Partnerschaftsrepräsentation. In: Brisch, Karl Heinz/Grossmann, Klaus E./Grossmann, Karin/Köhler, Lotte (Hrsg.): Bindung und seelische Entwicklungswege. Grundlagen, Prävention und klinische Praxis. Stuttgart Klett-Cotta Verlag. S.125–164.

HAGEMANN-WHITE, Carol (1995): Beruf und Familie für Frauen und Männer – Die Suche nach egalitärer Gemeinschaft. In: NAUK, Bernard/ONNEN-ISEMANN, Corinna (Hrsg.): Familie am Brennpunkt von Wissenschaft und Forschung. Berlin: Neuwied Verlag. S.505–512.

HAINBUCH, Friedrich (2004): Progressive Muskelentspannung. Körperliche und seelische Spannungen lösen. München: Gräfe und Unzer Verlag GmbH.

HELMER, Kristina (2014): Stress am Arbeitsplatz als Herausforderung für das Arbeitsrecht. Baden-Baden: Nomos Verlagsgesellschaft.

HIMPEL, Frank (2009): Koopkurrenz in internationalen Luftverkehrsallianzen. Ein theoretisch-konzeptioneller Forschungs- und Erklärungsansatz. Wiesbaden GWV Fachverlage GmbH.

HINKELBEIN, Jochen/DAMBIER, Michael (2007): Flugmedizin und Flugpsychologie für die Privatpilotenausbildung. Hördt: aeromedConsult Hinkelbein Damier GbR.

HOFER, Manfred (2002): Familienbeziehungen in der Entwicklung. In: Hofer, Manfred/Wild, Elke/Noack, Peter (Hrsg.): Lehrbuch Familienbeziehungen. Eltern und Kinder in der Entwicklung. 2. Aufl. Göttingen: Hogrefe Verlag, S.4-27.

HÖPFLINGER, Francois/CHARLES, Maria/DEBRUNNER, Annelies (1991): Familienleben und Berufsarbeit. Zum Wechselverhältnis zweier Lebensbereiche. Zürich: Seismo Verlag.

HUCHLER, Norbert (2013): Wir Piloten. Navigation durch die fluide Arbeitswelt. Berlin: Edition Sigma.

HURRELMANN, Klaus (2012): Sozialisation. Das Modell der produktiven Realitätsverarbeitung. Weinheim: Beltz Verlag.

JERUSALEM, Matthias (1990): Persönliche Ressourcen, Vulnerabilität und Streßerleben. Göttingen: Hogrefe Verlag.

JURCZYK, Karin (2008): Vereinbarkeit von Beruf und Familie heute – mehr Risiko als Chance? URL: http://www.kindergartenpaedagogik.de/1936.html [12.01.2014].

JUUL, Jasper (2011): Dein kompetentes Kind. Auf dem Weg zu einer neuen Wertgrundlage für die ganze Familie. Hamburg: Rowoht Taschenbuch Verlag.

KAUFFELD, Simone/HOPPE, Diana (2014): Arbeit und Gesundheit. In: KAUFFELD, Simone (Hrsg.): Arbeits- Organisations- und Personalpsychologie für Bachelor. Berlin: Springer Verlag. S.241–265.

KELLER, Heidi (2008): Kultur und Bindung. In: Ahnert, Lieselotte (Hrsg.): Frühe Bindung. Entstehung und Entwicklung. München: Reinhardt Verlag. S.110–126.

KELLER, Mathias/HAUSTEIN, Thomas (2012): Vereinbarkeit von Familie und Beruf. Ergebnisse des Mirkozensus 2012. URL: http://www.vereinbarkeit-von-beruf-und-familie.info/wp-content/uploads/2014/04/VereinbarkeitFamilieBeruf_122013.pdf [20.1.2016].

KINDLER, Heinz/GROSSMANN, Karin (2008): Vater-Kind-Bindung und die Rolle der Väter in den ersten Lebensjahren ihrer Kinder. In: Ahnert, Lieselotte (Hrsg.): Frühe Bindung. Entstehung und Entwicklung. München: Reinhardt Verlag. S.240–255.

KLEIN, Manuela (2010): Die Bedeutung von Trennung und Scheidung für die Bindung des Kindes. Frankfurt am Main: Peter Lang internationaler Verlag der Wissenschaften.

KLEPP, Doris (2004): Lebenssituation und subjektive Lebensqualität von Frauen mit Kindern im Alter von 0 bis 6 Jahren: Eine empirisch, psychologische Studie zur Mutterschaft. In: CIZEK, Brigitte (Hrsg.): Familienforschung in Österreich. Markierungs-Ereignisse-Perspektiven. Schriftreihe des ÖIF Nr.12 Wien. S.81–108.

KLINGELS, Fiona (2013): Human Faktors Trainings – Konzeptorientierung, Einführung und kontinuierliche Mitarbeitereinbindung in der betrieblichen Praxis. In: HINSCH, Martin/OLTHOFF, Jens (Hrsg.): Impulsgeber Luftfahrt. Industrial Leadership durch luftfahrtspezifische Aufbau- und Ablaufkonzepte. Berlin: Springer Verlag. S.219–247.

KNOLL, Nina/SCHOLZ, Urte/RIECKMANN, Nina (2005): Einführung in die Gesundheitspsychologie. München: Reinhardt Verlag.

LAMNEK, Siegfried (2010): Qualitative Sozialforschung. Weinheim: Beltz Verlag.

LAZARUS, Richard (1995): Streß und Streßbewältigung – ein Paradigma. In: FILIPP Sigrun – Heide (Hrsg.): Kritische Lebensereignisse. Weinheim: Beltz. S.198–232.

LAZARUS, Richard S./FOLKMAN, Susan (1984): Stress, appraisal, and coping. New York: Springer Verlag.

LAZARUS, Richard/LAUNIER, Raymond (1981): Stressbezogene Transaktion zwischen Personen und Umwelt. In: NITSCHE, Jürgen (Hrsg.): Stress. Theorien, Untersuchungen, Maßnahmen. Bern: Verlag Hans Huber. S.213–259.

LENZ, Karl (2003): Familie – Abschied von einem Begriff? In: Erwägen, Wissen, Ethik, 14. Jg., H. 3, S.485–498.

LEVINE, James A./PITTINSKY, Todd L.(2002): Vaterschaft und Erwerbstätigkeit: In: FTHENAKIS, Wassilios/TEXTOR, Martin (Hrsg.): Mutterschaft-Vaterschaft. Weinheim: Beltz Verlag S.110–117.

LOHAUS, Arnold/BALL, Juliane/LEßMANN, Ilka (2008): Frühe Eltern-Kind-Interaktion. In: Ahnert, Lieselotte (Hrsg.): Frühe Bindung. Entstehung und Entwicklung. München: Reinhardt Verlag. S.147–174.

LOHAUS, Arnold/DOMSCH, Holger/FRIDICI, Mirko (2007): Stressbewältigung für Kinder und Jugendliche. Berlin: Springer Medizin Verlag.

LÖHNIG, Martin (2011): Das Kind zwischen Herkunftsfamilie und neuer Familie eines Elternteils. In: SCHWAB, Dieter/VASKICICS, Laszlo (Hrsg.): Pluralisierung von Elternschaft und Kindschaft. Familienrecht, -soziologie und -psychologie im Dialog. Sonderheft Zeitschrift für Familienforschung 8. Leverkusen: Verlag Barbara Budrich. S.157–172.

MARIN, Bernd (1998): Entgrenzung von Arbeit, Raum und Zeit – und ihr Re-Design in Tele-Bürowelten. In: LACHMAYER, Herbert/LOUIS, Eleonora (Hrsg): Work and Culture. Büro. Inszenierung von Arbeit. Klagenfurt: Ritter Verlag. S.463–470.

MATUSCHEK, Ingo (2008): Luftschichten: Arbeit, Organisation und Technik im Luftverkehr. Berlin: Edition Sigma.

MATUSCHEK, Ingo/KLEEMANN, Frank (2009): Simulator und Autopilot. Zur Virtualisierung der Pilotentätigkeit. In: HERLYN, Gerrit/MÜSKE, Johannes/SCHÖNEBERGER, Klaus/SUTTER, Ove (Hrsg.): Arbeit und Nicht-Arbeit. Entgrenzungen und Begrenzungen von Lebensbereichen und Praxen. München: Hampp. S .161–180.

MAURER, Peter (2006): Luftverkehrsmanagement. München: Oldenbourg

MAYRING, Philipp (2008): Qualitative Inhaltsanalyse. Grundlagen und Techniken. Weinheim: Beltz Verlag. S.53–57.

McNALL, Laurel A./NICKLIN, Jessica M./MASUDA, Akihiko (2010): A Meta-Analytic Review of the Consequences Associated with Work–Family Enrichment. Journal of Business and Psychology, 25(3), S.381–396.

MIKULA, Gerold/FREUDENTHALER, Heribert (1999): Bedingungen und erlebnismäßige Korrelate der Aufteilung von Familienarbeit. Institutsbericht Nr. 1999/2 Graz.

MILD, Marcel (2013): Projektleiter im Stress. Entstehung, Verhalten, Empfinden und Bewältigung. Hamburg: Diplomica Verlag GmbH.

MINGES, Britta (2010): Patchworkfamilien in der Kinder- und Jugendliteratur der Gegenwart. Innsbruck: Studienverlag.

MONZ, Anna (2012): Die mobile Familie. Vereinbarkeit von beruflicher Mobilität und Elternsein. In: URL http://www.oif.ac.at/service/zeitschrift_beziehungsweise/detail/?tx_ttnews%5Btt_news%5D= 2579&cHash=60c7fff391cd1072367ab16cc56a6326 [20.1.2016].

NAGEL, Ulla (2012): Psychische Belastungen, Stress, Burnout? So erkennen Sie frühzeitig Gefährdungen für Ihre Mitarbeiter und beugen Erkrankungen erfolgreich vor! München: ecomed SICHERHEIT Verlagsgruppe.

NITSCH, Jürgen (1981): Aspekte der Stressforschung. In: NITSCHE, Jürgen (Hrsg.): Stress. Theorien, Untersuchungen, Maßnahmen. Bern: Verlag Hans Huber.

ÖIF (Österreichisches Institut für Familienforschung) (2008): Eltern zwischen Anspruch und Überforderung. Eine psychosoziale Studie zu Erziehungswerten und –verhalten der Eltern unter dem Aspekt ihrer Lebensbedingungen und des subjektiven Befindens. In: https://www.eltern-bildung.at/fileadmin/user_upload/Downloads/erziehungsstudie_2008.pdf [27.03.2016].

OLTHOFF, Jens/HINSCH, Martin (2013): Crew Resource Management (CRM) – Systematische Beherrschung der menschlichen Leistungsfähigkeit bei Flugbesatzungen. In: HINSCH, Martin/OLTHOFF, Jens (Hrsg.): Impulsgeber Luftfahrt. Industrial Leadership durch luftfahrtspezifische Aufbau- und Ablaufkonzepte. Berlin: Springer Verlag. S.191–219.

OUBAID, Victor (2013): Maßgeschneiderte Verfahren psychologischer Eignungsdiagnostik am Beispiel der Pilotenauswahl. In: HINSCH, Martin/OLTHOFF, Jens (Hrsg.): Impulsgeber Luftfahrt. Industrial Leadership durch luftfahrtspezifische Aufbau- und Ablaufkonzepte. Berlin: Springer Verlag. S.249–270.

PALETTA, Andrea (1996): Stressbewältigung durch Bewegung. Leitfaden zum Seminar. Graz.

PALKOVITZ, Rob/MARKS, Loren (2002): Die Kultivierung von Vaterschaft und Mutterschaft: Eine Analyse von Trends in der Familienerziehung. In: FTHENAKIS, Wassilios/TEXTOR, Martin (Hrsg.): Mutterschaft-Vaterschaft. Weinheim: Beltz Verlag S.144–157. URL: http://www.kindergartenpaedagogik.de/704b.pdf [23.2.2014].

PENTHIN, Rüdiger (2001): …Eltern sein dagegen sehr – Konzepte und Arbeitsmaterialien zur pädagogischen Elternschulung. Weinheim: Juventa Verlag.

PEUCKERT, Rüdiger (2007): Zur aktuellen Lage der Familie. In: Ecarius, Jutta (Hrsg.): Handbuch Familie. 1. Auflage. Wiesbaden: VS Verlag für Sozialwissenschaften, S.36–56.

PILLRIS, Alexander (2011): Kritische Handlungsfelder der Work-Life-Balance bei Offizieren des Deutschen Heeres. Empirische Untersuchung. München: Grin Verlag.

PONGRATZ, Hans (2002): Kompendium der Flugmedizin In: http://www.flugmedizin.at/Kompendium_Flugmedizin.pdf [15.01.2016].

PRINZ, Christopher/PATRICK, Ada (1999): Vereinbarkeit im Längsschnitt: Eine Typologie auf Basis des FFS 1996. In: Bundesministeriums für Umwelt, Jugend und Familie (Hrsg): Familie – zwischen Anspruch und Alltag. Familien- und Arbeitswelt. Partnerschaften zur Vereinbarkeit. Österreichischer Familienbericht. Wien. S.124–136.

RAIDA, Maxi (2016): Die Vereinbarkeit von Arbeit und Familie von Führungskräften: Eine theoretische und empirische Betrachtung, individueller Ansatzpunkte und Potentiale. Wiesbaden: Springer Verlag.

ROSSMANN, Peter (2012): Einführung in die Entwicklungspsychologie des Kindes- und Jungendalters. Bern: Huber Verlag.

RUTENFRANZ, Joseph (1981): Arbeitsmedizinische Aspekte des Stressproblems. In: NITSCHE, Jürgen (Hrsg.): Stress. Theorien, Untersuchungen, Maßnahmen. Bern: Verlag Hans Huber. S.379–390.

SCHNABEL, Peter-Ernst (2001): Familie und Gesundheit. Bedingungen, Möglichkeiten und Konzepte der Gesundheitsförderung. Weinheim: Juventa Verlag.

SCHNEEWIND, Klaus (2002): Familienentwicklung. In: OERTER, Rolf/MONTADA, Leo (Hrsg.): Entwicklungspsychologie. Weinheim: Beltz Verlag. S.105–127.

SCHNEEWIND, Klaus A. (1991): Familienpsychologie. Stuttgart: Kohlhammer Verlag.

SCHNEIDER, Norbert F. (2001): Berufsmobilität und Lebensform – sind berufliche Mobilitätserfordernisse in Zeiten der Globalisierung noch mit Familie vereinbar? Ausgewählte Ergebnisse einer bundesweiten Studie. In: BMFS (Hrsg.) Dokumentation des Workshops Mobilität und Familie. Aktuelle Erkenntnisse aus Wissenschaft und Praxis Berlin. S.34–41.

SCHNEIDER, Norbert F./LIMMER, Ruth/RUCKDESCHL, Kerstin (2002): Mobil, flexibel, gebunden. Familie und Beruf in der mobilen Gesellschaft. Frankfurt: Campus Verlag GmbH.

SCHNEIDER, Norbert/LIMMER, Ruth/RUCKDESCHL, Kerstin (2002): Berufsmobilität und Lebensform. Sind berufliche Mobilitätsanfordernisse in Zeiten der Globalisierung noch mit Familie vereinbar? URL: http://www.bmfsfj.de/RedaktionBMFSFJ/Broschuerenstelle/Pdf-Anlagen/PRM-23529-SR-Band-208,property=pdf,bereich=,rwb=true.pdf [15.12.2015].

SCHNELLHAMMER, Silke (2012): Die neuen Väter. In: GASCHLER, Katja/BUCHHEIM, Anna (Hrsg.): Kinder brauchen Nähe. Sichere Bindung aufbauen und erhalten. Stuttgart: Schattauer Verlag. S.133-138.

SCHOBERT, Deniz B. (2007): Grundlagen zum Verständnis von Work-Life-Balance. In: Esslinger, Adelheid Susanne und Schobert, Deniz B. (Hrsg.): Erfolgreiche Umsetzung von Work-Life-Balance in Organisationen. Strategien, Konzepte, Maßnahmen, Deutscher Universitäts-Verlag/GWV Fachverlage GmbH. S.19–35.

SCHRÖDER, Jörg-Peter/BLANK, Reiner (2011): Stressmanagement. Stress-Situationen erkennen – erfolgreiche Maßnahmen einleiten. Mannheim: Comelsen Verlag GmbH.

SCHRÖDER, Kerstin E./SCHWARZER, Rolf (1997): Bewältigungsressourcen. In TESCH-RÖMER, Clemens/SALEWSKI, Christel/SCHWARZ, Gudrun (Hrsg.) (1997). Psychologie der Bewältigung. Weinheim: Psychologie Verlags Union. S.174–195.

SCHUSCHITZ, Christina (2010): Der Zusammenhang von erinnertem elterlichen Erziehungsverhalten und Bindung mit der emotionalen und sozialen Kompetenz junger Erwachsener unter zusätzlicher Berücksichtigung der Persönlichkeit. Diplomarbeit Universität Graz.

SCHWARZ, Kathrin (2004): Kindliche Bindungsqualität und mütterliche Bindungsrepräsentation: Eine empirische Studie an Kindergartenkindern und ihren Müttern. Diplomarbeit Universität Graz.

SEIFFGE-KRENKE, Inge (2009): Veränderung der Vaterschaft. In: KAPELLA, Olaf/RILLE-PFEIFFER, Christine/RUPP, Marina/SCHNEIDER, Norbert F. (Hrsg.): Die Vielfalt der Familie.

Tagungsband zum 3. Europäischen Fachkongress Familienforschung. Opladen: Barbara Budrich Verlag. S.203–217.

SELYE, Hans (1981): Grundkonzepte. In: NITSCHE, Jürgen (Hrsg.): Stress. Theorien, Untersuchungen, Maßnahmen. Bern: Verlag Hans Huber.

STEININGER, Konrad (2000): Handbuch der Flugpädagogik lerne fliegen lehren. Hamburg: Selbstverlag Dr. K. Steininger.

STRÄUSSELBERGER, Monika (2006): Elternschaft heute. Die Lebenssituation von Eltern mit Kindern im Vorschulalter – Bewertung der gesellschaftlichen Rahmenbedingungen, individuelle Lösungsansätze und Unterstützungswünsche. Graz. Stressoren und Ressourcen. URL: http://www.notfallpflege. ch/files/_Demo/Dokumente/Schriftliche_Arbeiten/Stress_und_Resilienz_D_Luthinger_Stocker. pdf [22.01.2016].

SUESS, Gerhard/GROSSMANN, Klaus E./SROUFE L. Alan (1992): Effects of infant attachment to mothers and fathers on quality of adaptation in preschool: from dyadic to individual organisation of self. International Journal of Behavioral Development, 15(1), 43–65.

SWISS International Air Lines AG: Piloten. Erfolgreich abheben In: https://www.swiss.com/corporate/ de/karriere/berufsfelder/piloten#t-page=pane3 [13.01.2016].

TEXTOR, Martin (1991): Familialer Wandel: Entwicklungstendenzen und Auswirkungen. URL: http:// www.kindergartenpaedagogik.de/38.html [23.2.2014].

TEXTOR, Martin (2009): Elternschaft aus der Sicht von Müttern und Vätern. In: http://www. kindergartenpaedagogik.de/2010.html [04.04.2014].

TEXTOR, Martin (2010): Mutterschaft gestern – heute – morgen. URL: http://www.kindergartenpaedagogik. de/2226.html [04.04.2014].

UDRIS, Ivars (2006): Salutogenese in der Arbeit – ein Paradigmenwechsel? Wirtschaftspsychologie, 8. S.2–3.

ULRICH, Eberhard (2005): Arbeitspsychologie. Stuttgart: Schäffer-Poeschel Verlag. Unter besonderer Berücksichtigung der technischen Vorschriften und Verwaltungsverfahren in der Zivilluftfahrt ABl. Nr. L 373 vom 31.12.1991, S.4: Flug- und Dienstzeiten und Ruhevorschriften für Flugbesatzungsmitglieder von Flugzeugen. In: https://www.ris.bka.gv.at/Dokumente/BgblAuth/BGBLA_2008_ II_254/COO_2026_100_2_464178.pdf [14.01.2016].

VASKICICS, Laszlo (2011): Segmentierung und Multiplikation von Elternschaft Konzept zur Analyse von Elternschafts- und Elternkonstellationen. In: SCHWAB, Dieter/VASKICICS, Laszlo (Hrsg.): Pluralisierung von Elternschaft und Kindschaft. Familienrecht, -soziologie und -psychologie im Dialog. Sonderheft Zeitschrift für Familienforschung 8. Leverkusen: Verlag Barbara Budrich. S.11–40.

VERORDNUNG (EU) Nr. 1178/2011 DER EUROPÄISCHEN KOMMISSION vom 3. November 2011 Verordnung (EWG) Nr. 3922/91 Art 8 Abs.4 des Rates zur Harmonisierung zur Festlegung technischer Vorschriften und von Verwaltungsverfahren in Bezug auf das fliegende Personal in der Zivilluftfahrt gemäß der Verordnung (EG) Nr. 216/2008 des Europäischen Parlaments und des Rates. In: http://eur-lex.europa.eu/legal-content/DE/TXT/PDF/?uri=CELEX:02011R1178-20140403&qid =1412928027078&from=DE [15.12.2015].

WAGNER-LINK, Angelika (2009): Aktive Entspannung und Stressbewältigung. Wirksame Methoden für Vielbeschäftigte. Renningen: Expert Verlag.

WALTER, Ulla/KKH Die Kaufmännische (Hrsg.) (2006): Weißbuch Prävention 2005/2006. Stress? Ursachen, Erklärungsmodelle und präventive Ansätze. Hannover Springer.

WALTHER, Kathrin/LUKOSCHAT, Helga (2008): Kinder und Karrieren: Die neuen Paare, Eine Studie der EAF im Auftrag der Bertelsmann Stiftung, Kurzzusammenfassung. URL: http://www.w-fforte. at/fileadmin/Redaktion/Daten/Wissenschafft_Erkenntnis/Kurzzusammenfassung_Kinder_und_ Karrieren.pdf [27.03.2016].

WERNECK, Harald (1998): Übergang zur Vaterschaft. Auf der Suche nach den „Neuen Vätern". Wien: Springer.

WOLFSOHN, Mark (2011): Eustress – Positiven Stress erfahren und einsetzen. Studienarbeit. Grin Verlag.

7.1 Tabellenverzeichnis

7.2 Abbildungsverzeichnis

Über die Autorin:

Susanne Schirgi

Mag.[a] Dr.[in], Professorin an der Kirchlichen Pädagogischen Hochschule Graz. Mitarbeiterin am Kompetenzzentrum „Kindliche Entwicklung – Elementare Bildung". Kindergartenpädagogin.